böhlau

TRIANGEL DER WIENER TRADITION
Zemlinsky – Schönberg – Hoffmann

Eike Feß
Gerold Gruber
Michael Haas
Katja Kaiser
Horst Weber

Herausgegeben von Gerold Gruber

Ausstellung des Exilarte Zentrum der mdw – Universität für Musik und darstellende Kunst Wien

Böhlau

Exilarte Zentrum der mdw – Universität für Musik und darstellende Kunst Wien

Eike Feß, Gerold Gruber, Michael Haas, Katja Kaiser, Horst Weber | Gerold Gruber (Hg.)

Triangel der Wiener Tradition. Zemlinsky – Schönberg – Hoffmann

Bibliografische Information der Deutschen Nationalbibliothek:
Die Deutsche Nationalbibliothek verzeichnet diese Publikation
in der Deutschen Nationalbibliografie; detaillierte bibliografische
Daten sind im Internet über http://dnb.d-nb.de abrufbar.

© 2024 Böhlau, Zeltgasse 1, A-1080 Wien, ein Imprint der Brill-Gruppe
(Koninklijke Brill NV, Leiden, Niederlande; Brill USA Inc., Boston MA, USA; Brill Asia Pte Ltd, Singapore;
Brill Deutschland GmbH, Paderborn, Deutschland; Brill Österreich GmbH, Wien, Österreich)
Koninklijke Brill NV umfasst die Imprints Brill, Brill Nijhoff, Brill Hotei, Brill Schöningh,
Brill Fink, Brill mentis, Vandenhoeck & Ruprecht, Böhlau und V&R unipress.
Alle Rechte vorbehalten. Das Werk und seine Teile sind urheberrechtlich geschützt.
Jede Verwertung in anderen als den gesetzlich zugelassenen Fällen bedarf der vorherigen schriftlichen Einwilligung des Verlages.

Gestaltung, Layout und Satz: Iby-Jolande Varga
Lektorat: Michael Haas, Dorothea Punzengruber
Design der Ausstellung und der Zeitleiste (S. 108–109): Thomas Reinagl
Umschlagfotos: Arnold Schönberg Center, Wien; Nachlass Louise Zemlinsky, Alexander Zemlinsky-Fonds bei der Gesellschaft der Musikfreunde Wien
Druck und Bindung: Finidr, Český Těšín
Printed in the EU

Vandenhoeck & Ruprecht Verlage | www.vandenhoeck-ruprecht-verlage.com
ISBN 978-3-205-22101-2

INHALT

Vorwort	7
Michael Haas	
'Triangel' oder ein geschlossener Kreis?	8
Katja Kaiser	
Wiener Künstler:innen-Treffpunkt	21
Horst Weber	
Verlust der Heimat. Zur künstlerischen Biographie Alexander Zemlinskys	27
Katja Kaiser	
Freiheit nach Schikanen	39
Flucht über den Atlantik	51
Kulturelles Erbe, das Europa verloren ging	54
Exilwerke | Was hat die Flucht mit den Menschen gemacht?	55
Immigration weltweit – Flüchtlinge und Lebensretter	56
Eike Feß	
Arnold Schönberg als Schüler und Lehrer	58
Gerold Gruber	
Der Nachlass Richard Hoffmanns am Exilarte Zentrum	80
Katja Kaiser	
Treffpunkte in den USA	
New York City	101
Black Mountain College	102
Kalifornien	105
Zeitleiste	108
Bildnachweise	120

Katja Kaiser

VORWORT

2024 wird weltweit der 150. Geburtstag von Arnold Schönberg gefeiert. Das Exilarte Zentrum der mdw beschäftigt sich mit dem gesellschaftlichen und kulturellen Umfeld des Begründers der Zweiten Wiener Schule. Besonderes Augenmerk richten wir sowohl auf Alexander Zemlinsky, der Schönberg unterrichtete und ihn in die Wiener Musikkreise einführte, als auch auf den Schönberg-Schüler und späteren Assistenten Richard Hoffmann, dessen Nachlass sich seit 2021 im Archiv des Exilarte Zentrum befindet.

Unzählige weitere Freigeister des frühen 20. Jahrhunderts aus Musik, Literatur, bildender Kunst und Architektur wie auch wohlhabende Kunstfreunde und Mäzene trafen zum künstlerischen Austausch und zu rauschenden Festen in der vom Architekten Josef Hoffmann (nicht verwandt mit Richard Hoffmann) geplanten Künstlerkolonie im damals schon noblen 19. Wiener Gemeindebezirk aufeinander. Der Großteil von ihnen hatte jüdische Wurzeln und wurde von den Nazis verfolgt. Viele konnten emigrieren, viele kamen ums Leben.

Arnold Schönberg emigrierte als einer der Ersten bereits 1933, Richard Hoffmann 1935 und Alexander Zemlinsky nach dem „Anschluss" 1938. Wie sehr verändert das erzwungene Exil einen Menschen, einen Künstler in seinem Schaffen?

Die Frage, wie das Leben in Europa ohne Hitlers Nationalsozialistische Rassenlehre für Millionen betroffener Menschen ausgesehen hätte, lässt sich nicht mehr beantworten und der Verlust, den Europa an künstlerischem Potenzial dadurch erlitten hat, nicht bemessen. Mit willkürlicher Bürokratie schikanierte man jüdische und systemkritische Menschen.

Zemlinsky und Schönberg gelang die Flucht per Transatlantik-Dampfschiff in die USA, Richard Hoffmann immigrierte nach Neuseeland. Flucht-Schicksale, Wege an Orte des Exils waren vielfältig. Viele Komponist:innen und Musiker:innen aus der damaligen Gesellschaft um Zemlinsky, Schönberg und Hoffmann trafen einander im Exil wieder – so zum Beispiel in der Villa Aurora in Los Angeles, Kalifornien, in New York City oder im Black Mountain College in North Carolina. Anderen gelang der Weg in die Freiheit nicht. Sie lebten im Untergrund oder wurden von den Nazis ermordet.

„Triangel der Wiener Tradition" betitelt die Verbindung dreier Musiker, die als Komponisten, Pädagogen und Freunde ein ähnliches Schicksal teilten: sie waren jüdischer Herkunft und somit Verfemte und Verbannte.

Michael Haas

‚TRIANGEL' ODER EIN GESCHLOSSENER KREIS?

Wenn wir Alexander Zemlinsky (1871-1842), Arnold Schönberg (1874-1951) und Richard Hoffmann (1925-2021) als ‚Triangel' betrachten, können wir sofort erkennen, dass es sich nicht um ein gleichseitiges, sondern vielmehr um ein gleichschenkeliges Dreieck handelt. Als Richard Hoffmann geboren wurde, waren Zemlinsky und Schönberg bereits mehr als ein halbes Jahrhundert alt. Eine andere geometrische Analogie wäre vielleicht die Abweichung einer elliptischen Form zu einem vollen Kreis. Alle drei wurden in Wien geboren, aber nur Zemlinsky und Schönberg wuchsen in Wien auf und wurden dort ausgebildet. Hoffmann erhielt seine Ausbildung in Wien nur bis zu seinem zehnten Lebensjahr, bis zu jener Zeit, als seine Familie nach Neuseeland floh. Im Alter von 22 Jahren wurde er Schönbergs Schüler in Los Angeles. Er studierte eher beim ‚amerikanischen' Schönberg als beim ‚Wiener' Schönberg. Doch der Pianist und Theoretiker Steven Cahn erwähnte über Hoffmann unter anderem, dass er „eine authentische Verbindung zur Welt des modernen Europas – seiner Ästhetik und Ethik – hatte", und beschrieb ihn als jemanden, der „durch die Fassaden hindurch sehen und zum Wesen der Dinge vordringen konnte."[1] Richard Cockett beschreibt in seinem kürzlich erschienenen Buch *Vienna - How the City of Ideas Created the Modern World* die einzigartige Wiener Denkweise der Zwischenkriegszeit, die empirisch und wissenschaftlich war, und kontrastiert diese Qualitäten mit einem eher metaphysischen Wien des *Fin de Siècle*, das Konzepte wie Ethik und Ästhetik diskutierte.[2]

Aus diesem Grund ist diese Ausstellung weniger eine biographische Reise als vielmehr eine Untersuchung der Lehrer-Schüler-Beziehungen im Kontext von Vertreibung und Exil. Genauer gesagt geht es um Lehrer-Schüler-Beziehungen, bei denen sowohl Lehrer als auch Schüler künstlerisch, wenn auch nicht kompositionstechnisch gleichwertig sind. Unvermeidlich geht es auch um Fragen des Exils und die Auswirkungen der physischen Verpflanzung von einer Kultur in eine andere. Was wird beibehalten und was wird aus existenzieller Notwendigkeit einfach zurückgelassen?

Über die Vorzüge und Nachteile von Schönbergs amerikanischen Jahren sind unzählige Bände geschrieben worden, und es ist nicht die Absicht dieser Ausstellung oder dieses Katalogs, diese Frage weiter zu vertiefen. Doch das Wichtigste, was Schönberg auf der Flucht vor den Nazis behalten zu haben scheint, sind genau diese Lehren von Ästhetik und Ethik sowie die Fähigkeit, „durch die Fassaden hindurch" zu sehen.

Eine ebensolche faszinierende Beziehung wird durch die Schüler-Lehrer-Dynamik zwischen Zemlinsky und Schönberg

---

1   Steven Cahn in einer E-Mail vom 13. Februar 2024 an den Autor.
2   Richard Cockett, *Vienna - How the City of Ideas Created the Modern World*, New Haven – London 2023.

sinnfällig. Der Altersunterschied zwischen den beiden ist kaum vorhanden, was bedeutet, dass es sich nicht um eine Interaktion zwischen Generationen, sondern zwischen Kollegen und Freunden handelt. Diese Ambivalenz zwischen Generationen bzw. Freundschaften wird auch in der unterschiedlichen Bewertung sichtbar, indem entweder Johannes Brahms oder Gustav Mahler als die Leitfigur der Zeit angesehen wurde (wie unter anderem Egon Wellesz in Vorträgen in Oxford und Wien hervorhob[3]). Diese beiden Einflüsse verbinden sich in der Beziehung und dem Unterricht, den Zemlinsky Schönberg zukommen ließ und der von Schönberg an seine eigenen Schüler weitergegeben wurde.

Die Beziehung zwischen Schönberg, Zemlinsky und Hoffmann bietet eine zusätzliche Dynamik: die des sagenumwobenen Wiener *Fin de Siècle* und seiner einflussreichen Verbreitung im Ausland. Die Interaktion zwischen Schönberg und Zemlinsky war die zwischen zwei Wiener Komponisten, die ein gemeinsames Umfeld mit einer gemeinsamen Weltanschauung teilten, die zu einer bestimmten Zeit an einem bestimmten Ort entwickelt wurde. Die Übertragung dieser ideellen Voraussetzungen auf Richard Hoffmann ist insofern aufschlussreich, als er weniger ein Kind des Wiener *Fin de Siècle* der Vorkriegszeit, sondern des *Roten Wien* der Zwischenkriegszeit war. Hoffmanns kurze Zeit in Wien fiel in die Zeit des gesellschaftlichen Wiederaufbaus nach dem verheerenden und weitreichenden Verlust von Krieg und Monarchie. Wenn die Ethik von Schönbergs und Zemlinskys Wien Ludwig Wittgensteins Beobachtung repräsentierte, dass „Ethik und Aesthetik sind Eins",[4] wie es in Satz 6.421 in seinem *Tractatus Logico-Philosphicus* heißt, so war die Ethik des *Roten Wien* der Zwischenkriegszeit sozial definiert und empirisch kalibriert. Wittgensteins Beobachtungen stammten aus einem Zeitalter des Reichtums und der Macht. Hoffmann wurde in ein Zeitalter des Überlebens hinein geboren. Was aber alle diese Menschen – Wittgenstein, Schönberg, Zemlinsky und Hoffmann – gemeinsam hatten, war deren österreichisch-jüdisches Erbe.

Das Wien von Schönberg und Zemlinsky

Wenn sich Egon Wellesz, wie oben zitiert, bei ähnlichen Vorträgen über das Wien des *Fin de Siècle* scheinbar selbst widersprach, indem er in dem einen Vortrag sagte, dass Johannes Brahms dominierte, während er in dem anderen Gustav Mahler nannte, so widersprach er nicht sich selbst, sondern bemerkte etwas, das jedem Wiener seiner Generation klar war. Es gab ein erstaunliches Zusammentreffen von Ereignissen, die sich auf das Jahr 1897 zurückführen lassen. Es war das Jahr, in dem Johannes Brahms starb und in dem Gustav Mahler zum Christentum konvertierte und als Direktor an die Wiener Hofoper bestellt wurde (Schönbergs Konversion folgte ein Jahr später 1898). Ebenfalls im Jahr 1897 gründete

---

3 Egon Wellesz, *Gustav Mahler und die Wiener Oper* – Festrede 26. Juni 1960, Frankfurt am Main 1960 (Vortrag in Oxford nur als Tonbandaufnahme vorhanden, undatiert).
4 Ludwig Wittgenstein, *Tractatus Logico-Philosophicus*, New York – London 1922, S. 182.

der Freundes- und Kollegenkreis von Gustav Klimt die Secessionsbewegung, und der notorische Antisemit Karl Lueger wurde nach seiner Wahl 1895 von einem widerwilligen Kaiser Franz Joseph letztendlich als Bürgermeister von Wien vereidigt. Zufälligerweise war es auch das Jahr, in dem ein zehnjähriger jüdischer Junge aus der Wiener Leopoldstadt den Entschluss fasste, Komponist zu werden, nämlich Ernst Toch. Jahre später sollte dieser gemeinsam mit Paul Hindemith das künstlerische Konzept der *Neuen Sachlichkeit* international verbreiten. Außerdem wurde 1897 Erich Wolfgang Korngold geboren, dessen Vater Julius 1901 mit der Familie nach Wien übersiedelte, wo er als Chefkritiker der *Neuen Freien Presse* über das Wiener Musikleben urteilen sollte. Dieses entscheidende Jahr des *Fin de Siècle* 1897 stellte eine Wegkreuzung dar, die in eine Vielzahl musikalischer Richtungen führte und Antworten auf ästhetische und ethische Fragen verlangte. Während Schönberg sich in eine extreme Richtung bewegte, sollte sich Zemlinskys Schaffen in den kommenden Jahrzehnten eher organisch entwickeln. Die jüngere Generation von Ernst Toch und Erich Wolfgang Korngold orientierte sich jedoch in andere, entgegengesetzte Richtungen.

Seit der langsamen Integration jüdischer Komponist:innen in die Spielpläne von Opernhäusern und Orchestern war ihnen ein ausgeprägter Konservatismus und ein striktes Festhalten an der klassischen Konvention gemeinsam. Das Festhalten an Konventionen war auch ein Markenzeichen von Johannes Brahms, obwohl seine Musik in jeder Hinsicht unkonventionell und von Genialität geprägt war. Brahms repräsentierte den Höhepunkt des Klassizismus, dessen Maxime kurz lautete: die Form bestimmt den Inhalt. Er war von Bewunderern und Nachahmern umgeben, unter denen viele jüdische Komponist:innen waren, die aber alle von Julius Korngolds Vorgänger bei der *Neuen Freien Presse*, Eduard Hanslick, wegen mangelnder Phantasie und Erfindungsgabe gerügt wurden. Der vermeintliche Gegenpol zu Brahms war Richard Wagner, der mit solchen Schranken brach und der Meinung war, dass die Künste vereint werden müssten, frei fließend, ohne Unterbrechungen und Zwänge. Das Konzept des Gesamtkunstwerks sah vor, dass der Inhalt die Form bestimmt oder sogar ganz auf die Struktur verzichtet. Opern wurden als Einzelwerke ohne Nummern und Ensembles konzipiert. Im Idealfall sollten die Musik und die Bühne miteinander verschmelzen, ebenso wie die dramatischen Figuren und die Sänger. Die Kunst war zu groß, um sie der Gnade von Interpret:innen auszuliefern, die den Applaus brauchten – die Emotionen sollten ohne Unterbrechung aufgewühlt und aufgebaut werden. Es war ein Konzept, das mit Gustav Mahlers Ankunft an der Wiener Oper seinen Höhepunkt fand. Mit dem Secessionisten Alfred Roller konnte er Aufführungen inszenieren, in denen Beleuchtung, Requisiten, Kostüme und Bühnenbild ebenso zentral waren wie die Musik selbst. Mahler übernahm die Ideale der *Neudeutschen Schule*, wonach der Inhalt die Form bestimmt, und komponierte Tondichtungen, die er zu Symphonien verknüpfte. Da er jedoch ein Opernregisseur (wenn auch kein Opernkomponist) war, waren seine Symphonien selbst theatralisch, mit Stimmen, Chören, Ensembles im Off und – obwohl er es leugnete – mit ausgedehnten programmatischen und nicht minder weltanschaulichen Konzepten. Er führte nicht nur Wagners Idee des Gesamtkunstwerks im Opernhaus fort, sondern seine Symphonien waren auch der kulminierende Höhepunkt von Franz Liszts *Neudeutscher Schule*, die in der Literatur und sogar in der Philosophie das architektonische Konzept der Komposition sah. Wie Adolf Weißmann betonte, hatte Mahler als Jude durch die Synthese der Ideale der *Neudeutschen Schule* mit der Symphonie der ‚alten deutschen Schule' das vereint, was die deutschen Komponisten zuvor getrennt hatte.⁵

Das Konzept, philosophische Ideen in der Musik auszudrücken, war bereits von Richard Strauss in *Also sprach Zarathustra* demonstriert worden. Was die *Neudeutsche Schule* mit diesem Konzept jedoch initiierte, war die Idee, dass Musik einen ethischen Zweck haben könnte. Bis dahin glaubten Hanslick und sein Kreis, dass Musik ‚klassisch' in dem Sinne war, dass sie von Emotionen, Ethik oder anderen menschlichen Attributen gereinigt sei. Musik war einfach da und existierte in ihrem eigenen ästhetischen Bereich, in dem andere Werte nicht notwendig waren. Hanslick polemisierte sogar gegen das Konzept von Musik und Emotionen und strebte nur einen Hegelschen Purismus an, einen fast sakralen Geist, der weit davon entfernt war, ‚klassisch' zu sein, und vor allem ‚jüdischer' war, als Eduard Hanslick zugeben mochte.⁶ Ideen, die nicht ausgedrückt werden können, wie zum Beispiel ‚Gott', wurden am besten als unaussprechlich anerkannt. Es war ein Konzept der intellektuellen Reinheit, das Ludwig Wittgenstein in seinem bereits erwähnten *Tractatus* entwickelt hatte: „Wovon man nicht sprechen kann, darüber muss man schweigen."⁷ Paradoxerweise war die Idee, dass Musik über ihren angeborenen ästhetischen Wert hinaus einen ‚Zweck' verfolgt, etwas, das in der Zwischenkriegszeit stark florierte.

Diese dominierende Idee der ‚Ethik' sollte einen Großteil der Literatur und der Kaffeehauskultur des Wiener *Fin de Siècle* bestimmen. Am deutlichsten wurde sie in der von Karl Kraus selbst verfassten Zeitschrift *Die Fackel*, die Heuchelei, Korruption, Doppelmoral, Vetternwirtschaft und Unehrlichkeit mit einer Schärfe anprangerte, die noch Jahre später als charakteristisch für die Wiener Diaspora nach 1938 angesehen werden sollte. Kraus lebte, wie so viele Schiedsrichter im Laufe der Geschichte, in einem Glashaus, aus dem er seine Steine warf. Die Emanzipation der Juden und Jüdinnen in der Verfassung von 1867 hatte auch die Freiheit gebracht, dem Judentum zu entfliehen, was viele Juden und Jüdinnen, darunter Schönberg und Mahler, aus verschiedenen beruflichen, emotionalen oder sogar konfessionellen Gründen taten.

Diese komplexe Vorstellung von Ethik und Kunst wurde vielleicht von der Journalistin und Salonnière Berta Zuckerkandl auf den Punkt gebracht, als sie 1902 schrieb, Künstler seien Baumeister unserer ethischen Eigenschaften.⁸ 1903 wurde das ultimative konzeptionelle ‚Kunstwerk' vollbracht: Otto Weininger war eine brillante dreiundzwanzigjährige Sensation, dessen Buch *Geschlecht und Charakter*⁹ das intellektuelle Wien im Sturm eroberte. Am 4. Oktober 1903 erschoss er sich auf dramatische Weise in dem Haus, in dem Beethoven gestorben war. Hitler und auch Ludwig Wittgenstein bewunderten ihn als jemanden, der den Mut hatte, aus seiner eigenen nihilistischen Weltanschauung die ultimative ‚ethische' Schlussfolgerung zu ziehen.

---

5   Adolf Weißmann, *Der Dirigent im 20. Jahrhundert*, Berlin 1925, Zitat Julius Korngold, in: *Neue Freie Presse*, 19. Dezember 1925.
6   Eduard Hanslick wuchs in Prag auf. Aufgrund seiner jüdischen Mutter war er immer wieder Angriffen von Antisemiten ausgesetzt.
7   Ludwig Wittgenstein, *Tractatus Logico-Philosophicus*, New York – London 1922, S. 26.
8   Vgl. Berta Zuckerkandl, „Minne", in: Berta Zuckerkandl, *Zeitkunst Wien 1901-1907*, Wien 1908, S. 47.
9   Otto Weininger, *Geschlecht und Charakter – eine prinzipielle Untersuchung*, Wien – Leipzig 1903.

Wenn Kraus und Weininger die Ethik dessen vertraten, was manche als den ‚therapeutischen Nihilismus'[10] Wiens bezeichnet haben, so führte Adolf Loos diesen Puritanismus mit seinem Manifest aus dem Jahr 1908 namens *Ornament und Verbrechen*[11] in eine andere Richtung. Es war eine Hetzschrift gegen das nicht-funktionale Dekorative. Für Loos, Zuckerkandl, Mahler, Schönberg und andere waren die Wiener zu sehr geneigt gewesen, sich in der ästhetischen Komfortzone der Schönheit um der Schönheit willen zu verlieren. Für ethische innere Wahrheiten, die über den äußeren Schein hinausgingen, war für die Wiener um 1900 kein Platz. Loos und andere dachten dabei zweifellos an die miserablen Arbeiterwohnungen in den Außenbezirken der Stadt, hinter deren palastartigen Fassaden sich das große Elend verbarg. Solange die Fassade des Gebäudes spektakulär aussah, spielte es keine Rolle, wie viele Menschen in winzigen dunklen Räumen mit unzureichenden sanitären Einrichtungen zusammengepfercht waren. Für die Wiener Intellektuellen mit jüdischen Wurzeln gab es ein Gedächtnis der Ungerechtigkeit, das auch für viele Gedankengebäude die Grundlage gebildet haben muss. Es war ein Bekenntnis zu einem umfassenderen Konzept von Recht und Unrecht, nicht nur zu dem, was gesellschaftlich akzeptiert oder von der Kirche verordnet war.

Die Ethik, die im Wien des *Fin de Siècle* entstand, repräsentierte eine Ehrlichkeit, die keine Rücksicht auf andere nahm. Dieses Bedürfnis nach brutaler Ehrlichkeit gegenüber sich selbst, dem auch Taten folgten, führte unweigerlich zu Dissonanzen in den Künsten. Die Vorgeschichte des Ersten Weltkriegs war in den Knochen jedes kreativen Menschen zu spüren. Das erste von Schönbergs *Fünf Stücke für Orchester* op. 16, komponiert 1909, trägt den Titel *Vorgefühle*. Ihr innerer Ausdruck spiegelt den von Richard Gerstls Porträt der Familie Schönberg aus dem Jahr 1908 wider, das eher Farben als klare Umrisse oder Formen verwendet. Auch Gerstl war von der figurativen, äußerlichen Schönheit zum abstrakten, inneren Ausdruck übergegangen. Wie Weininger war es ein Aufschrei des Nihilismus, der ebenfalls im Selbstmord endete. Es ist ein Übergang, den Schönberg in seiner *Harmonielehre* festhält:

> "Ist man einmal geheilt von dem Wahn, daß der Künstler der Schönheit halber schaffe, und hat man erkannt, daß nur das B e d ü r f n i s z u p r o d u z i e r e n ihn nötigt, hervorzubringen, was nachher vielleicht als Schönheit bezeichnet wird, dann begreift man auch, daß Verständlichkeit und Klarheit nicht Bedingungen sind, die der Künstler ans Kunstwerk zu stellen nötig hat, sondern solche, die der Beschauer erfüllt zu finden wünscht."[12]

Wie andere Denker seiner Zeit versuchte auch Schönberg sich gleichzeitig von der Romantik des vorigen Jahrhunderts zu lösen und zu den Werten der Aufklärung zurückzukehren. Was innerlich war, war rein und ethisch, auch wenn es nicht als schön und ansprechend empfunden wurde. Diese Ehrlichkeit war für Schönberg eine Form von musikalischer

---

10 Claudia Wiesemann, „Nihilismus, therapeutischer", in: Werner E. Gerabek, Bernhard D. Haage, Gundolf Keil, Wolfgang Wegner (Hrsg.), *Enzyklopädie Medizingeschichte*, Berlin – New York 2005, S. 1050 f.
11 Franz Glück (Hrsg.), *Adolf Loos, Sämtliche Schriften in zwei Bänden 1*, Wien – München 1962, S. 276 ff.
12 Arnold Schönberg, *Harmonielehre*, Wien 1922, S. 32.

Richard Gerstl, Portrait der Familie Schönberg, 1908, Öl auf Leinwand
Museum moderner Kunst Stiftung Ludwig Wien, Bildarchiv (MUMOK)

Haskala,[13] die bei nicht-jüdischen Zeitgenossen wie Strawinsky nicht wirklich wahrgenommen wurde. Man könnte argumentieren, dass Schönberg versuchte, die inneren Werte des aufgeklärten achtzehnten Jahrhunderts zum Ausdruck zu bringen, während Strawinskys Neoklassizismus deren äußerer Erscheinung Ausdruck verlieh.

Diese ethische Überzeugung sollte noch in den folgenden Generationen nachhallen, wie sein Schüler Hanns Eisler feststellte:

„Er hat lange vor der Erfindung des Flugzeugs bereits die Schrecken der Menschen im Luftschutzkeller unter den Bombardements vorgefühlt. Er ist der Lyriker der Gaskammern von Auschwitz, der Konzentrationslager von Dachau, der ohnmächtigen Verzweiflung des kleinen Mannes unter dem Stiefel des Faschismus. Das ist seine Humanität. Es zeugt von der Genialität und dem Instinkt Schönbergs, daß er das zu seiner Zeit ausdrückte, als für den kleinen Mann die Welt noch sicher schien. Was immer man gegen ihn auch vorbringen möge, er hat nicht gelogen."[14]

Eisler mag wohl an *Vorgefühle* gedacht haben, als er die obigen Worte auf einem Kongress von Komponist:innen und Kritiker:innen im Jahr 1948 sprach.

In dieser Zeit scheint Alexander Zemlinsky als Schnittstelle zwischen dem Brahms'schen Klassizismus und dem Bestreben, tiefere, verstörende Ideen auszudrücken, zu fungieren. Er genoss das Vertrauen von Gustav Mahler und war der Lehrer von Alma Schindler, der späteren Gattin Mahlers, sowie von Erich Wolfgang Korngold. Für Zemlinsky und letztlich auch für Schönberg selbst konnte das Verlassen festgelegter Pfade nur nach dem Erlernen des Gehens erfolgen, und das bedeutete eine solide Grundlage von Tonsatz, Harmonielehre, Kontrapunkt, Orchestration und Formanalyse. Bei Zemlinsky und Schönberg ging es um eine Rückbesinnung auf klassische Werte und nicht um die Nachahmung der Klassik von Haydn und Mozart. Deshalb lohnt es sich, einen Blick auf die Motive und Grundlagen der beiden Skandalkonzerte von 1913 zu werfen: Das erste war das sogenannte *Watschenkonzert* am 31. März im Wiener Musikverein mit Anton Weberns *Sechs Stücke für Orchester* op. 6, *Sechs Gesänge nach Texten von Maurice Maeterlinck* op. 13 (es wurden daraus vier Gesänge uraufgeführt) von Alexander Zemlinsky, Arnold Schönbergs *Kammersymphonie* op. 9 und Alban Bergs *Fünf Orchesterlieder nach Ansichtskartentexten von Peter Altenberg* op. 4 (es sollten zwei Lieder uraufgeführt werden). Das Konzert wurde abgebrochen, bevor die *Kindertotenlieder* von Mahler aufgeführt werden konnten. Das zweite Skandal-Konzert fand am 19. Mai im Pariser Théâtre des Champs-Elysées statt. Es handelte sich um Strawinskys *Le Sacre du Printemps*, aufgeführt durch *Ballets Russes* von Sergei Djagilew. Der Skandal in Paris bestand im Wesentlichen aus der Vorführung der neuen Choreographie, während Strawinskys dissonante Musik fast zweitrangig war. Der Skandal in Wien war allein auf die Musik zurückzuführen. In Paris war es das Visuelle, in Wien das Akustische, oder wie Schönberg und Zemlinsky es gesehen haben könnten: in Paris war es das ‚Äußere', das skandalös war, während es in Wien das ‚Innere' war.

Zemlinsky folgte Schönberg nicht, ebenso wenig wie die anderen Gründungsmitglieder der Vereinigung schaffender Tonkünstler, zu denen die Komponisten Karl Weigl, Oskar Karl Posa und Joseph von Wöss, der Journalist Rudolf Stephan

---

13 Vgl. Shmuel Feiner, *Haskala – Jüdische Aufklärung. Geschichte einer kulturellen Revolution*, Hildesheim 2007.
14 Hanns Eisler, *Musik und Politik. Schriften 1948-1962*, Leipzig 1982, S. 17 f.

Hoffmann, der Dirigent Bruno Walter und Gustav Mahler als Ehrenpräsident im Jahr 1904 gehörten. Sie sollte die musikalische Antwort auf Klimts Secessionsbewegung sein. Obwohl sie nur ein oder zwei Saisonen andauerte, waren ihre Grundprinzipien ähnlich, obwohl zu diesem Zeitpunkt die Wiener Kompositionstechnik, wie sie von Zemlinsky, Schönberg, Webern, Schreker und Wellesz vertreten wurde, Elemente des französischen Impressionismus als Tor zum Wiener Expressionismus nutzte. Sowohl in Schönbergs *Pelleas und Melisande* als auch in Zemlinskys *Seejungfrau* finden sich Elemente, die an Debussy erinnern, aber in dunkleren, tieferen Farben gemalt sind. Weberns *Im Sommerwind* von 1903, Franz Schrekers *Der Wind* von 1909 oder Egon Wellesz' 1912 komponierter *Vorfrühling* nehmen Elemente des französischen Impressionismus auf, die vom Sonnenlicht auf Seerosen bis zur Nachtluft in einem tiefen Wald reichen: Licht wird gesehen, Wind wird gefühlt. Darin lag der Unterschied.

Wie sein Freund und Zeitgenosse Franz Schreker vollzog Zemlinsky nach dem Ersten Weltkrieg einen deutlicheren stilistischen Wandel, der sich allerdings bereits in seinen *Sechs Gesänge nach Texten von Maurice Maeterlinck*, seinem *Zweiten Streichquartett* und seinem *Psalm 23* abzeichnete. Wie bei Schreker hatte auch in seinem dramatischen Werk die Erotik Einzug gehalten. Seine Oper *Eine florentinische Tragödie*, gefolgt von *Der Zwerg*, bot verbotene Erotik mit Erlösung als ultimative Konfrontation mit der Wahrheit (oder der Realität der Hässlichkeit, wie sie im Spiegel gesehen wird). Wenn Zemlinsky und Schreker Erotik mit schimmernden Orchestrierungen anboten, so schenkt uns Schönberg in seinem 1909 komponierten Monodrama *Erwartung* die musikalische Umsetzung von Edvard Munchs *Der Schrei*. Das gemeinsame Thema all dieser Werke ist der ernüchternde Schrecken der Konfrontation mit der Realität.

Das Wien von Richard Hoffmann

Das Wien von Richard Hoffmann war etwas ganz anderes. Wenn das Wien des *Fin de Siècle* die Apokalypse vorwegnahm, so war sie zur Zeit von Richard Hoffmanns Geburt im Jahr 1925 bereits eingetreten und faktische Wirklichkeit. Die Verwüstung ließ Österreich ohne ein Kaiserreich zurück und reduzierte es auf eine kleine Alpenrepublik mit Wien als Bastion der sozialistischen Ideologie. Die Verzweiflung und Degeneration, die in den letzten Tagen der Habsburger Monarchie so offensichtlich waren, wurden durch das Konzept des ‚Neuen Menschen' ersetzt. Im Mai 1919 wurde Karl Luegers Partei der Christlich-Sozialen von Jakob Reumanns Sozialdemokraten abgelöst. Die Partei sollte bis 1934 und dem Einzug des Austrofaschismus unter Engelbert Dollfuß und Kurt Schuschnigg an der Macht bleiben.

Das *Rote Wien* konnte viel mehr umsetzen, als nur nach ethischen inneren Wahrheiten zu suchen. Vielmehr ging es um ethische äußere Veränderungen, die die palastartigen Fassaden der Arbeiterkasernen durch saubere, helle Wohnräume, Bildung, Kinderbetreuung, Möglichkeiten zur Selbstentfaltung und eine grundlegende Gesundheitsversorgung ersetzten. Wien war aus einem berauschenden Traum erwacht. Es litt an einer Ernüchterung, die nur durch ständige Aktivität geheilt werden konnte. Sein philosophischer Motor war der *Wiener Kreis*, eine Gruppe von Intellektuellen, Soziologen, Mathematikern, Physikern, Ökonomen und anderen führenden Wissenschaftlern wie Hans Hahn, Philipp Frank, Otto Neureuth, Rudolf Carnap, Richard von Mises, Kurt Gödel und vielen anderen. Im Gegensatz zum Wien des *Fin de Siècle* interessierte man sich weniger für Abstrakta wie die Ethik oder das Konzept von Gut und Böse, da diese nicht empirisch belegbar waren. Es war die Einführung eines Zeitalters der Objektivität, so wie auch die künstlerische Bewegung, die in dieser Zeit entstand, genannt wurde: *Neue Sachlichkeit*. In wissenschaftlicher Hinsicht hatte sie wenig Platz für alles, was nach Metaphysik roch. War das Wien des *Fin de Siècle* bürgerlich, so war das *Rote Wien* proletarisch, auch wenn viele seiner führenden Köpfe selbst aus dem jüdischen Bürgertum Wiens stammten.

Während vor 1914 Künstler, Intellektuelle und Schriftsteller den Ton angaben, waren es nach 1919 Wissenschaftler, Soziologen, Ärzte, Physiker und Mathematiker. Das Wort ‚Volk' wurde an jede Initiative angehängt, die eine Möglichkeit zur Selbstverbesserung bot. Öffentliche Bäder, Sportzentren und Erwachsenenbildung waren für das ‚Volk' gedacht. Ernst Toch, der 1897 nach dem Tod von Johannes Brahms den Entschluss fasste, Komponist zu werden, zog nach Frankfurt, wo er 1909 zusammen mit Paul Hindemith an Dr. Hoch's Konservatorium/Musikakademie bei Bernhard Sekles studierte. Gemeinsam versuchten sie, die Musik ‚nüchterner' zu machen und sie mit praktischen Anwendungen zu versehen. Wissenschaft und Technik waren dabei nützlich. Wenn Musik relevant bleiben sollte, musste auch sie ‚nützlich' und vor allem ‚wissenschaftlich' sein. Es war kein Platz dafür, der Musik zu gestatten, die dunkleren Ecken des menschlichen Geistes zu erforschen oder an seine exzentrische Natur zu erinnern. Das war der Expressionismus von gestern und führte in die Apokalypse des *Ersten Weltkriegs*. In der neuen Nachkriegsordnung musste die Musik effizient und nützlich sein. Da Politiker nach Empfehlung von Soziologen Umschulungen versuchten, die ehemaligen Untertanen des Hauses Habsburg in Bürger einer Republik zu verwandeln, wurde Musik benötigt, um die Menschen zu erziehen und insbesondere ihren physischen und nicht ihren geistigen Zustand zu verbessern. Wie Bertolt Brecht es gekonnt formulierte: „Erst kommt das Fressen, dann kommt die Moral".[15]

Man kann argumentieren, dass dieser Wandel des Zeitgeistes Schönberg motiviert hat, in der Unordnung des kakophonischen Expressionismus nach Ordnung zu suchen. Wie sein großer Förderer und Mentor David Josef Bach (1874-1947), Wiens sozialistischer Kulturminister, glaubte auch er daran, dass die Musik die physische Existenz des arbeitenden Mannes und der arbeitenden Frau aktiv verbessern würde. Schönbergs Konzept der Zwölftonkomposition ermöglichte es, die Musik von der Hierarchie der Diatonik zu befreien und gleichzeitig Entwicklungen fortzusetzen, die sich von den Zwängen der traditionellen Melodie und des Rhythmus entfernten. Seiner Ansicht nach würde eine neue ‚Tonalität' schließlich neue und vermutlich bessere Menschen hervorbringen. Wie so vieles in den 1920er Jahren musste alles, was relevant war, in die Zukunft weisen, um die Umwälzungen der Gegenwart zu rechtfertigen.

---

15 Ballade aus *Die Dreigroschenoper* über die Frage „Denn wovon lebt der Mensch?", in: Bertolt Brecht, *Die Stücke von Bertolt Brecht in einem Band*, Frankfurt am Main 1978, S. 191.

Die meisten Juden des Wiener Bürgertums waren Sozialdemokraten, auch solche, die früher Monarchisten waren. Die Habsburger waren aktiv philosemitisch eingestellt. Andere politische Parteien wie die Christlich Soziale Partei und verschiedene agrarische und gesamtdeutsche Parteien waren offen antisemitisch. Viele Politiker der Sozialdemokratischen Partei waren ebenfalls Juden, nicht zuletzt der Parteigründer Viktor Adler, der am 11. November 1918, einen Tag vor der Ausrufung der Ersten Republik Österreich, auf tragische Weise ums Leben kam, als Symbol für Moses, der sein Volk ins Gelobte Land führte, aber vor der Ankunft starb.

Der Lehrer des jungen Richard Hoffmann war Georg Tintner, nur acht Jahre älter als Hoffmann. Doch diese Beziehung unterstreicht nur das musikalische Biotop Wiens zu dieser Zeit. Der junge Walter Arlen, der damals Walter Aptowitzer hieß, wurde im Alter von sechs Jahren zu Otto Erich Deutsch, dem Schubert-Gelehrten, gebracht, um seine musikalischen Fähigkeiten beurteilen zu lassen. Arlens bester Freund am örtlichen Gymnasium war Paul Hamburger, der nach seiner Emigration nach England ein bekannter Kammermusiker und Liedbegleiter werden sollte.

Exil in Amerika

Das Exil in Amerika scheint sich unter dramatischen Umständen unterschieden zu haben: Zemlinsky überlebte kaum mehr als ein paar Jahre und starb 1942 in Armut, noch vergessener und unversorgter als Béla Bartók. Schönberg gelang es, eine Lehrtätigkeit in Los Angeles zu erlangen, und wurde zu einer Art musikalischem Leuchtturm für ehrgeizige, talentierte Amerikaner, ohne jedoch sein Meisterwerk *Moses und Aron* vollenden zu können. Richard Hoffmann gehörte zu einer Generation, die mit einem einzigen Ziel nach Amerika kam: Assimilation, auch wenn ‚Dickie' Hoffmann seinen Wiener Akzent beim Sprechen des Englischen beharrlich beibehielt. Er gehörte jedoch zu einer Generation von Emigranten, die als junge Erwachsene oder sogar als Kinder in der neuen Heimat ankamen und die Kämpfe ihrer Eltern miterlebten, um sich so schnell wie möglich anzupassen. Andere Komponisten aus Hoffmanns Generation wie der bereits erwähnte Walter Arlen (1920-2023), weiters Lukas Foss (1922-2009) oder André Previn (1929-2019) verstanden sich nicht mehr als Österreicher oder Deutsche. Auch Joseph Horovitz (1926-2022) oder Alexander Goehr (geb. 1932) betrachteten sich nicht als Österreicher bzw. Deutsche, sondern sahen sich als Teil des britischen Musikestablishments. Ursula Mamlok (1923-2016) wurde erst bewusst, dass sie als Opfer der Nazi-Verfolgung angesehen wurde, als sie 2010 nach Berlin zurückkehrte. Ruth Schonthal (1924-2006) wurde als Kind von Wiener Eltern in Deutschland geboren und kam im Alter von zweiundzwanzig Jahren nach einer ausgedehnten Odyssee nach Amerika. Beide Frauen setzten sich erst später mit ihrer jüdischen Identität auseinander, nachdem sie von außen Aufträge für Werke zur Erinnerung an die Shoah erhalten hatten. Vor diesen Aufträgen war es keiner von ihnen in den Sinn gekommen, ihren jüdischen, ehemaligen Flüchtlingsstatus als Identität zu betrachten. Natürlich haben alle diese Personen unterschiedliche Erfahrungen gemacht, und trotz Walter Arlens scheinbar vollständiger Assimilation blieb er sich innerlich bewusst, dass er sich immer noch als Österreicher empfand. Schonthal und Mamlok kamen über Lateinamerika in die Vereinigten Staaten, wobei Mamlok später erklärte, dass Berlin ihre Geburtsstadt sei, ihre Heimat aber die Musik. Als Lukas Foss in Berlin von einem Journalisten gefragt wurde, wie es sei, „wieder zu Hause" zu sein, antwortete Foss, dass er sich auf die Rückkehr nach New York freue.[16] Nach Hoffmanns Ansicht war Europa zu 90 % katholisch, aber zu 100 % barbarisch.[17]

Bemerkenswert für junge amerikanische Musikemigranten war jedoch die Kontinuität der europäischen Ausbildung: Schonthal konnte bei Paul Hindemith studieren, Mamlok bei Eduard Steuermann, Hoffmann bei Schönberg und Foss bei Rosario Scalero und Fritz Reiner. Aber was, wenn überhaupt, hatten diese europäischen Lehrer ihren nicht mehr europäischen Schülern zu bieten? Amerika war ein Land der Einwanderer, und so war der Status des ‚Exils' nur von kurzer Dauer, bevor er in ‚Immigrant' und schließlich in ‚Bürger' überging. Christopher Hailey weist in seinem Essay *Emigranten im Klassenzimmer* auf einen 1940 vom *Bureau of Music Research* veröffentlichten Band mit dem Titel *Music and Dance in California* hin.[18] Er stellt in dem Verzeichnis von 532 prominenten Musiker:innen fest, dass nur 100 tatsächlich in Kalifornien geboren wurden, während 250 aus anderen Teilen Amerikas und ein Viertel der Gesamtzahl aus Europa stammten, vor allem aus England, Frankreich, Italien sowie Russland, Polen, Ungarn und der Tschechoslowakei. Von der Gesamtzahl waren nur vierzig Deutsche oder Österreicher. Der ungewöhnlich hohe Einfluss der Österreicher und Deutschen hatte jedoch mit ihren Positionen und ihrer Verteilung über den ganzen Staat in verschiedenen Institutionen zu tun. Hinzu kamen die offensichtlichen emigrierten Orchestermusiker:innen und Solist:innen sowie die Dirigenten Bruno Walter, Otto Klemperer und Georg Szell.

Diese Streuung unterschiedlicher österreichischer und deutscher Traditionen wird noch deutlicher, wenn man sich die Liste der vielen Wiener Lehrer ansieht, die in den gesamten Vereinigten Staaten tätig waren und allesamt vor der Verfolgung durch die Nazis flohen: Hanns Eisler, Karl Geiringer, Max Graf und Robert Hernreid unterrichteten an verschiedenen Institutionen sowohl an der Ost- als auch an der Westküste der Vereinigten Staaten. Darüber hinaus unterrichteten Heinrich Jalowetz in North Carolina, Oswald Jonas in Chicago, Karol Rathaus in New York, Karl Weigl in Boston, Richard Stöhr in Philadelphia, Richard Hoffmann am Oberlin College in Ohio und Walter Bricht in Indiana, während Walter Arlen, Ernst Kanitz, Ernst Krenek, Paul Pisk, Arnold Schönberg, Ernst Toch und Erich Zeisl in Kalifornien tätig waren.

Doch wie Hailey betont, war das Land bereits durch die Einwanderung geprägt, und die Amerikaner hinterfragten schnell die sogenannte ‚Überlegenheit' deutscher Musik gegenüber Musik aus Frankreich und Italien. Als die ‚Exilanten' zu ‚Einwanderern' wurden, mussten sie bereits mit einem neuen Leben und neuen Herausforderungen zurechtkommen. Die selbst aufrechterhaltenen Mythen von der ‚überlegen

---

16 Zitat aus dem Beiheft zur CD von Lukas Foss, *Elegy for Anne Frank*, Milken Archive, Naxos 2005.
17 Steven Cahn in einer E-Mail vom 13. Februar 2024 an den Autor.
18 Christopher Hailey, „Emigranten im Klassenzimmer", in: Werner Hanak, Michael Haas, Karin Wagner (Hrsg.), *Musik des Aufbruchs. Endstation Schein-Heiligenstadt. Erik Zeisls Flucht nach Hollywood*, Wien 2005, S. 79 ff.

europäischen Kultur' wurden von den Jugendlichen, die von der populären Musik und neuen Entwicklungen stärker ausgesetzt waren als ihre Altersgenossen im Wien der Vorkriegszeit, auf die Probe gestellt.

Hoffmann war, wie bereits erwähnt, zwei Generationen jünger als sein Lehrer Arnold Schönberg. Sie haben in ihrer Alt-Wiener Aussprache miteinander gesprochen und eine tiefe Verbundenheit erlebt, die Hoffmann Schönberg nähergebracht haben könnte als seine anderen amerikanischen Schüler. In der Nachkriegszeit, als die neuen musikalischen Entwicklungen in den Darmstädter Ferienkursen Einzug hielten, wurde Hoffmann Zeuge, wie Webern auf Kosten Schönbergs immer mehr in den Mittelpunkt rückte. Er war enttäuscht über diese Diskrepanz, da sie eine unausgewogene Sicht auf Schönbergs musikalisches Erbe darstellte. Hoffmann war unglücklich darüber, dass Schönbergs Partituren kaum zugänglich gemacht wurden, während Weberns Partituren von den Darmstädter Komponistengenerationen eine größere Bedeutung beigemessen wurde.

Hoffmann blieb trotz der Schönbergschen Zugehörigkeit ein Kind seiner Zeit. Einerseits komponierte er nicht auf Bestellung. Dies wäre ein direktes Erbe seiner Schönberg-Beziehung gewesen. Andererseits zeigen seine eigenen Werke die Raffinesse des Webernschen Einflusses. Er war von neuen Ideen fasziniert und teilte mit seinem Freund Roman Haubenstock-Ramati die Begeisterung für die ‚graphische Partitur', die er in seinem Orchestrierungsunterricht weiter einsetzte. 1975/76 experimentierte er auch mit aleatorischer Musik in einem Werk namens *Souffleur*. Nach Angaben seines Schülers Steven Cahn war er von dem Ergebnis nicht ganz überzeugt, obwohl Cahn zugab, dass er das Werk „aufregend" fand. Hoffmann war von der Idee des Computers und der Komposition fasziniert. Cahn erinnerte sich an ein exquisites Quartett mit Tonband und Hoffmanns Spekulationen, dass der Computer die Zukunft der Komposition bedeuten würde, obwohl er nach einer Zeit der Arbeit mit Musik und Computern am MIT seine Ansicht revidierte. Cahn fuhr fort, dass Hoffmanns eigene Werke sehr raffiniert waren, ohne grob zu sein.[19]

Steven Cahn erinnert sich an Reden, die er anlässlich der Pensionierung eines Kollegen gehalten hat und die so weit gingen, wie es Anstand und Takt erlaubten. Seine Laudatio war mit unbequemer Direktheit gewürzt. Auch mitteleuropäische Schalkhaftigkeit war ein Merkmal Hoffmanns. Cahn erinnerte sich, dass er ein einnehmender Gesprächspartner war, der die Bildung schätzte, während er seine eigene Bildung dialektisch mit skatologischen Anspielungen und Witzen vermengte. Die größte Freude bereitete ihm offenbar ein von ihm komponiertes Werk, in dem er das Thema der Fuge in Beethovens *Hammerklavier-Sonate* ohne Tonhöhen auf dem Schlagzeug ausklopfen ließ, während er Freunde und Student:innen fragte, ob sie es identifizieren könnten.

Doch was ist mit dem Erbe von Zemlinsky und Schönberg? Cahn äußerte sich dazu wie folgt: „Sein Sinn für das Ende der Musik war brahmsianisch. Ich komme immer wieder auf das Wort Verfeinerung zurück, weil es seine Arbeit und seinen Unterricht durchdringt."[20]

(Übersetzung: Gerold Gruber)

---

19 Steven Cahn in einer E-Mail vom 13. Februar 2024 an den Autor.
20 Ebd.

Ausstellungsansicht
© Maria Noi

Katja Kaiser

TREFFPUNKT WIENER KÜNSTLER:INNENKREISE

Die Idee, eine Künstlerkolonie zu errichten, hatte das Ehepaar Yella und Emil Hertzka. Auf ihrem Grundstück in der Kaasgrabengasse/Ecke Suttingergasse wurden in den Jahren 1912/13 nach den Plänen des Architekten Josef Hoffmann (nicht verwandt mit Richard Hoffmann) vier Doppelhäuser mit zusammenhängender Grünfläche gebaut. In diesem Park veranstaltete Yella Hertzka Gartenfeste, an denen Persönlichkeiten der Wiener Musikavantgarde und international bekannte Komponist:innen wie Darius Milhaud, Gustav Mahler, Arnold Schönberg, Béla Bartók, Zoltán Kodály, Maria Hofer und Ernst Krenek teilnahmen, die alle mit dem von Emil Hertzka geleiteten Musikverlag Universal Edition in Verbindung standen. Eine Haushälfte dieser Künstlerkolonie bezog der Musikwissenschaftler und Komponist Egon Wellesz mit seiner Frau Emmy. In derselben Gegend bewohnten die Maler Koloman Moser und Carl Moll ein Doppelhaus in der ebenso von Josef Hoffmann entworfenen Künstlerkolonie Hohe Warte, einem Ort der Begegnung zwischen Künstler:innen aller Genres. In der Innenstadt waren es Kaffeehäuser wie das Café Grien-steidl, Café Museum oder Café Central, in denen sich Persönlichkeiten aus der Kunstszene trafen, aber auch private Salons wie jene von Berta Zuckerkandl oder Alma Mahler waren beliebt.

Hans (Johann) Schließmann (Schliessmann)
Zeitungsleser im Kaffeehaus, Karikatur, um 1900
Wien Museum, Grafik- und Fotosammlung (WM)

Café Griensteidl, 1., Michaelerplatz, Wien 1896
Gemälde von Reinhold Richard d. J. Völkel
Wien Museum, Grafik- und Fotosammlung (WM)

„Im Café Griensteidl": Das Künstlerzimmer
Foto von Carl von Zamboni für die illustrierte Wochenzeitschrift *Die vornehme Welt*, vor 1897
Wien Museum, Grafik- und Fotosammlung (WM)

Treffen im Garten der Villa von Carl Moll, Hohe Warte, 1905
Gustav Mahler (stehend), Max Reinhardt, Carl Moll, Hans Pfitzner (sitzend v. l. n. r.), Josef Hoffmann (im Vordergrund)
Arnold Schönberg Center Privatstiftung, Wien (A-Was)

Einladung zur *Garden-Party* von Yella und Emil Hertzka an Herrn und Frau Professor Arnold Schönberg, 1927
Arnold Schönberg Center Privatstiftung, Wien (A-Was)

Egon Wellesz aus dem Fotoalbum „Dem Lehrer Arnold Schönberg" zum 50. Geburtstag von Arnold Schönberg
Arnold Schönberg Center Privatstiftung, Wien (A-Was)

Arnold Schönberg, Portrait von Emil Hertzka, Öl auf Pappe, ca. 1910
Arnold Schönberg Center Privatstiftung, Wien (A-Was)

Arnold Schönberg und
Alexander Zemlinsky 1917
Arnold Schönberg Center
Privatstiftung, Wien (A-Was)

Horst Weber

VERLUST DER HEIMAT
Zur künstlerischen Biographie Alexander Zemlinskys

„Aber eines glaube ich mit zunehmendem ‚Alter' und darum ruhigerer Beurteilung: man ist an seinem Schicksal immer selbst Schuld – letzten Endes; oder unschuldig schuldig wenigstens" schrieb der 59jährige Zemlinsky 1930 aus Berlin an seine ‚Jugendfreundin' Alma Mahler-Werfel und ergänzte: „In einem solchen Gedränge nützt es nichts Ellbogen zu haben, man muss sie auch zu gebrauchen wissen."[1] Mit einer gewissen Resignation, aber auch ‚Altersweisheit' blickte er auf sein Leben zurück, nicht ahnend, was ihm noch bevorstehen würde. Gegen Ende des 19. Jahrhunderts die größte Hoffnung unter Wiens jungen Komponisten, fühlte er noch zu Lebzeiten, dass ihm die Anerkennung in der Öffentlichkeit versagt blieb, die er verdiente. Und er fühlte dies zu Recht, denn er war ein Meister seines Fachs.

Positive und negative Erfahrungen bestimmten Zemlinskys Leben wie jedes andere auch. Doch umkreisen sich in diesem Leben Glück und Unglück wie ein Doppelstern mit besonderer Heftigkeit, vor allem in der erster Lebenshälfte, als er mit Schönberg eng verbunden war, und gegen Ende seines Lebens, das mit Vertreibung endete. Dieser ‚Doppelstern' von Glück und Unglück hatte Auswirkungen auf seine Kunst. Aber zwischen Kunst und Leben besteht kein Abbildungsverhältnis. Alma Mahler-Werfel hatte seinerzeit diese falsche Spur gelegt,[2] der auch begierig nachgeschnüffelt wurde. Bei Zemlinsky sind nicht die Personen seines Lebens und die dramatischen Figuren seiner Opern einander ähnlich, sondern die Beziehungen zwischen Personen, und jene zwischen Figuren. Die Ähnlichkeit liegt unter der Oberfläche dessen, was der Text erzählt oder die Bühne zeigt. In der Kultur des Fin de Siècle sind es psychische Situationen, die in der Kunst gestaltet werden. Bei Zemlinsky im Besonderen sind es Situationen, in denen Identität auf die eine oder andere Weise in Frage steht: durch Rollenwechsel, Verkleidung, Selbstaufgabe. Die Nähe zwischen seiner Kunst und seinem Leben variiert von Werk zu Werk, seine Kunst umläuft sein Leben gleichsam auf einer elliptischen Bahn. Sogar sein Nachleben – zu dem auch diese Ausstellung gehört – folgt einer elliptischen Struktur mit den Polen des Vergessens und der Entdeckung.

---

1 Brief vom 06.03. [1930], The Charles Patterson Van Pelt Library, Philadelphia; zitiert nach Horst Weber, *Alexander Zemlinsky. Eine Studie*, Wien 1977, S. 38 (Österreichische Komponisten des XX. Jahrhunderts, Band 23).
2 Alma Mahler-Werfel, *Mein Leben*, Frankfurt am Main 1960, S. 62; erschienen noch vor Adornos Zemlinsky-Essay in *Quasi una fantasia* von 1963.

ELLIPSEN EINER KARRIERE

Aufbruch[3]

Zemlinsky und Schönberg, Jahrgang 1871 bzw. 1874, wuchsen in der Leopoldstadt auf, die von alters her ein bevorzugter Wohnort von Juden war. Zemlinskys Begabung wurde früh erkannt. Er besuchte das Conservatorium der Gesellschaft der Musikfreunde in Wien, wo er eine gediegene musikalische Ausbildung erhielt. Sein Kompositionsstudium fand 1892 seine Krönung mit der Uraufführung des ersten Satzes seiner *Symphonie* d-Moll im Musikvereins-Saal. Bei dieser Gelegenheit wurde er Johannes Brahms vorgestellt, der den jungen Musiker unter seine Fittiche nahm. Schönberg absolvierte derweil eine Lehre als Bankkaufmann, ehe er – wie Zemlinsky es ausdrückte – die Banknoten mit den Musiknoten vertauschte.[4] Beide lernten sich in dem Amateurorchester *Polyhymnia* kennen, in dem Schönberg Cello unter Zemlinskys Leitung spielte. Zemlinsky unterwies Schönberg im Tonsatz – in verklärendem Rückblick bekannte Schönberg: „Der dritte meiner Freunde, Alexander von Zemlinsky, ist derjenige, dem ich fast all mein Wissen um die Technik und die Probleme des Komponierens verdanke."[5] 1896 gewann Zemlinsky mit seinem *Trio für Violine, Klarinette und Klavier* den dritten Preis bei einem Kompositionswettbewerb des Wiener Tonkünstlervereins, dessen Spiritus Rector Johannes Brahms war, und im selben Jahr auch den Prinzregent-Luitpold-Wettbewerb mit seiner ersten Oper *Sarema*, die im folgenden Jahr in München uraufgeführt wurde. Schönberg fand weder mit seinem Streichsextett *Verklärte Nacht* von 1899 noch mit seinen *Gurresange* – einer Frühfassung der *Gurrelieder* – das Wohlwollen des Tonkünstlervereins. 1900 nahm Gustav Mahler Zemlinskys zweite Oper, *Es war einmal*, zur Uraufführung an. Schönberg widmete sein Streichsextett der Schwester seines Freundes, Mathilde, die er 1901 heiratete.

Die gemeinsamen musikalischen Erfahrungen, der intensive Gedankenaustausch, schließlich die familiären Bande begründeten zwischen Zemlinsky und Schönberg eine Freundschaft, die in den folgenden Jahrzehnten lange wachsenden Meinungsverschiedenheiten standhielt. 1907 heiratete Zemlinsky Ida Guttmann, eine Schwester seiner Jugendliebe Melanie Guttmann, die in die USA ausgewandert war. Beide Paare verbrachten zusammen die Sommerfrische – die ‚Komponierstube' aller Künstler dieser Generation – und wohnten zeitweise im selben Haus. Einen ersten Schatten auf die Beziehung der Freunde warf die leidenschaftliche Affäre zwischen Zemlinskys Schwester Mathilde und dem Maler Richard Gerstl, mit dem sie nach Paris ‚durchbrannte' und nur auf Drängen Weberns, der ihr nachgereist war, zurückkehrte. Gerstl wählte 1908 den Freitod.

---

3   Daten und Ereignisse sind, wenn nicht anders angegeben, entnommen: Antony Beaumont, *Zemlinsky*, London und Ithaca (NY) 2000, deutsch Wien 2005.
4   Alexander Zemlinsky, „Jugenderinnerungen", in: *Arnold Schönberg zum 60. Geburtstag. 13. September 1934* [Wien 1934], S. 33 ff.
5   Arnold Schönberg, „Rückblick", in: Ivan Vojtěch (Hrsg.), *Stil und Gedanke. Aufsätze zur Musik*, Frankfurt am Main 1976, S. 397.

Abgedrängt

Um die Jahrhundertwende hatte Zemlinsky sich in eine Schülerin verliebt – Alma Schindler. Auch sie verband eine leidenschaftliche Affäre, die jedoch über Nacht erkaltete, als Alma im November 1900 Gustav Mahler kennenlernte, und diesen im März 1901 heiratete. Für Zemlinsky ein Albtraum, mit dem er nach Léon Gambettas Maxime umging: „Toujours y penser, jamais en parler!"[6] („Immer daran denken, nie davon sprechen!").

In der Zeit des Liebesglücks erreichte Zemlinsky eine Anfrage Hugo von Hofmannsthals, ob er sein Tanzpoem *Der Triumph der Zeit* vertonen wolle. Richard Strauss hatte abgelehnt – dass Hofmannsthal danach bei ihm anfragte, mochte Zemlinsky als Genugtuung empfinden. Und die Zeichen standen gut, hatte Mahler doch gerade *Es war einmal* uraufgeführt. Während der Arbeit am dritten Akt wurde bei Mahler wegen der Uraufführung des Balletts angefragt, doch der lehnte ab, auch Almas Fürsprache half nichts.[7] Allerdings führte Mahler 1904 die Musik eines Ballett-Aktes konzertant in einem Abonnementkonzert des Musikvereins auf. Offensichtlich war es nicht die Musik, gegen die Mahler Vorbehalte hatte, sondern das Sujet mit seiner überbordenden Symbolik in Text und Bühnenbild.[8]

Die Verbindung zu Mahler und dessen geliebter Frau riss nicht ab. 1904 gründeten Zemlinsky und Schönberg einen neuen Verein, da der Wiener Tonkünstlerverein zu konservativ geworden war. Nach dem Vorbild der ‚Vereinigung bildender Künstler', die ihre Kollegen von der Sezession gegründet hatten, nannten sie sich ‚Vereinigung schaffender Tonkünstler'. Mahler wurde Ehrenvorsitzender.[9] Der Verein bestand nur kurze Zeit. Auf dem Programm eines seiner beiden Konzerte standen Schönbergs Symphonische Dichtung *Pelleas und Melisande* sowie Zemlinskys Phantasie für Orchester *Die Seejungfrau*. Am nächsten Tag waren die Zeitungen voll von Schönbergs Werk, Zemlinskys Werk wurde so gut wie übergangen. Alma Mahler hat dies mit liebenswürdiger Gehässigkeit, zu der sie auch fähig war, in ihren Memoiren kommentiert. In der Aufmerksamkeit der Öffentlichkeit war dieses Konzert Schönbergs Durchbruch und Zemlinskys Hintansetzung.

Die eigentliche Katastrophe folgte auf dem Fuße. Mahler nahm auch Zemlinskys dritte Oper, *Der Traumgörge* (1904-05), zur Uraufführung an. Aber 1907 demissionierte Mahler – auch wegen Angriffen der antisemitischen Presse in Wien – und Mahlers Nachfolger setzte die Uraufführung ab. Von da an war Zemlinsky ein ‚Gezeichneter'. 1911 kehrte er seiner Heimatstadt den Rücken und ging nach Prag, wo er sechzehn Jahre lang die Oper am Neuen Deutschen Theater leitete.

---

6 Parole des französischen Politikers bezüglich des Verlusts Elsass-Lothringens nach dem Krieg 1870-71.

7 Antony Beaumont: „Alexander Zemlinsky: Der Triumph der Zeit – Drei Ballettstücke – Ein Tanzpoem. Dokumentation und Kommentar", in: Stefan G. Harpner – Birgit Gotzes (Hrsg.), *Über Musiktheater. Eine Festschrift*, München 1992, S. 25 ff.

8 Horst Weber, „Stil, Allegorie und Secession. Zu Zemlinskys Ballettmusik nach Hofmannsthals Der Triumph der Zeit", in: Jürg Stenzl (Hrsg.), *Art nouveau, Jugendstil und Musik, aus Anlass des 80. Geburtstages von Willi Schuh*, Zürich 1980, S. 135 ff.; ders., „Zemlinsky und Hofmannsthal", in: *Zemlinsky-Symposium Wien 1921* (Druck in Vorbereitung).

9 Horst Weber (siehe Fn¹), S. 21.

VERBERGEN UND ENTHÜLLEN[10] – EINE ELLIPTISCHE KUNST

Die Ereignisse nach der Jahrhundertwende warfen Zemlinsky zwar nicht aus der Bahn, lenkten ihn jedoch von der scheinbar vorgezeichneten Erfolgsspur ab. Sie wurden ihm zu ‚Erlebnissen' – so nannte Wilhelm Dilthey das Erlebte, das Objekt der Erinnerung wird. Auch die künstlerische Verarbeitung ist eine Form der Erinnerung. Nicht nur das Leben, auch Zemlinskys künstlerische Erinnerung verläuft auf einer elliptischen Bahn, auf der die Kunst dem Erlebten unterschiedlich nahe kommt. Zemlinskys Sujet gebundene Kompositionen handeln von der Gefährdung der Identität. Das Thema macht dem Publikum den Zugang nicht eben leicht und Schönberg resümierte: „Zemlinsky wird erst so geschätzt werden, wie es seiner Meisterschaft gebührt, bis sein Textdichter dem Publikum gefallen wird."[11]

Den Auftakt solch distanzierter Selbstreflexionen machte nicht das Sujet einer Oper, sondern eine Komposition für Orchester, *Die Seejungfrau* (1902-03) nach Andersens bekanntem Märchen. Sie entstand, nachdem die Uraufführung des Balletts und die Beziehung zu Alma gescheitert waren. Zemlinsky nennt die Komposition im Unterschied zu Schönberg nicht Symphonische Dichtung, sondern Fantasie für Orchester und trennt die Handlung in drei Sätze. Dadurch hält er nicht nur Distanz zum narrativen Kontinuum des Märchens, sondern auch zu dem der Symphonischen Dichtung. Er vermied damit zugleich die Identifizierungsfalle, als ob Prinz und Seejungfrau Alex und Alma mit vertauschten Geschlechterrollen repräsentierten.

Dem Orchesterwerk folgte die Oper *Der Traumgörge* (1904-06). Das Motiv des Außenseiters und das des Traumes, dem Zemlinsky noch mehrfach nachspüren wird, sind in zwei Akten verknüpft[12]: Wer unter Bauern lesen kann, ist *per se* Außenseiter und sehnt sich in Träumen nach der ‚Welt': „Lebendig sollen die Märchen werden." Außerhalb der bäuerlichen Gemeinschaft aber wird er ebenso zum Außenseiter. Im Zwiespalt zwischen Träumer und ‚Tatmensch' kündet sich – in der romantischen Tradition des Doppelgängers – das Motiv des Rollentauschs an.

In Zemlinskys *Kleider machen Leute* (1907-09) nach Gottfried Kellers bekannter Novelle wird der Rollentausch durch das dramaturgische Requisit der Verkleidung vollzogen; auch sie wird in späteren Opern wiederkehren. Wie alle Doppelgänger entlarvt sich das ‚Schneiderlein' Strapinsky, das in den Mantel und die Rolle eines Grafen schlüpft, schließlich selbst.

---

10   Vgl. Martin Stern, „Hofmannsthals Verbergendes Enthüllen. Seine Schaffensweise in den vier Fassungen der Florindo/Cristina-Komödie", in: *Deutsche Vierteljahrsschrift für Literaturwissenschaft und Geistesgeschichte* 33 (1959), S. 38-62.

11   Arnold Schönberg, „Gedanken über Zemlinsky", in: *Der Auftakt. Musikblätter für die Tschechoslowakische Republik* 1 (1921), Heft 14/15, S. 328-330, hier S. 329.

12   Horst Weber: „Über Zemlinskys Oper Der Traumgörge", in: *Musik und Traum*, München 1991, S. 109-121.

Bewegten sich die beiden vergangenen Opern nah am Brennpunkt von Zemlinskys Biographie, so entfernt sich die nächste Oper, der Einakter *Eine florentinische Tragödie* (1915-16), von ihm. Ihr liegt das gleichnamige, unvollendete Theaterstück Oscar Wildes zugrunde. In diesem Drei-Personen-Stück tauschen die Personen zwar nicht die Kleider, aber die Charaktere: Der reiche Kaufmann Simone gibt sich anfangs gegenüber dem Liebhaber seiner Frau, dem Grafen Guido Bardi, unterwürfig, tötet ihn aber zuletzt im Duell und verwandelt sich dadurch zum ‚Helden', der die Liebe seiner Frau zurückgewinnt. Alma Mahler erzürnte sich über das Stück, weil sie auch hier ein Abbildverhältnis erblickte, nämlich zu ihrer Dreiecksbeziehung mit Mahler und Gropius.

Zemlinskys zweiter Einakter *Der Zwerg* (1919-21) folgt ebenfalls einer literarischen Vorlage Oscar Wildes, allerdings nicht einem Theaterstück, sondern dem ‚Märchen' *Der Geburtstag der Infantin*. Dessen Dramatisierung durch Georg Klaren schärfte die Charaktere für das Theater: Aus dem Spiel des Kindes wird die Koketterie eines pubertierenden Teenagers, und damit sind wir wieder ganz nahe am biographischen Zentrum der Ellipse, wenn auch anders, als es Alma Mahler meinte: Der ‚missgestaltete' Zwerg, ein Geschenk des Sultans, wird von der Hofgesellschaft verlacht, hält sich jedoch für einen Ritter. Er macht der Infantin den Hof, die sich zum Schein auf seine Träumereien einlässt. Als er sich in dem einzigen Spiegel, der nicht verhängt wurde, erblickt, erkennt er seine Hässlichkeit und stirbt an dieser Erkenntnis. Hier vollzieht sich der schicksalhafte ‚Rollentausch' nicht zwischen zwei Personen, sondern innerhalb einer Figur.

Dass die *Lyrische Symphonie* (1922-23) in der Tradition von Mahlers *Lied von der Erde* steht, ist offensichtlich und daher oft genug mit Naserümpfen angemerkt worden. Zum Verständnis der Komposition trägt es nichts bei, denn Zemlinsky realisiert mit Mahlers Besetzung eine andere Form und ein anderes Sujet: Es ist keine Reflexion über Leben und Tod, sondern eine Traumerzählung.[13] Nur vordergründig handeln die Gedichte von Stationen einer Liebe, doch nicht von deren Erfahrung, sondern von deren Traum. In symbolistischer Verschlüsselung wird die innere Traumerfahrung (Nr. 2-6) von den realen Situationen des Eintauchens und Aufwachens eingehüllt (Nr. 1 und 7). Anders als in seiner *Seejungfrau* und anders als Mahler ist das Traumgeschehen in einen durchkomponierten Orchestersatz eingewoben – die Reprise des Anfangsmotivs markiert das Traumende. In der *Lyrischen Symphonie* ist das Aus-der-Welt-Sein des *Traumgörge* ins Innere des träumenden Subjekts zurückgenommen. Alban Berg, der eine besondere Affinität zu Zemlinsky hatte und sogar ein Buch über ihn schreiben wollte, hat nicht nur seine *Lyrische Suite* nach Zemlinskys Symphonie benannt, sondern auch das Thema des dritten Gesangs „Du bist mein eigen" in seinem Streichquartett zitiert – eine künstlerische Liebeserklärung an Zemlinsky.

Einen komödiantischen Rollentausch hat auch ein unvollendetes Opern-Projekt Zemlinskys zum Thema: *Der heilige Vitalis* (1926-27) nach Gottfried Kellers Legende *Der schlimm-heilige Vitalis*.[14] Zum ersten Mal verfasst Zemlinsky das Libretto selbst: Ein Mönch, der sich um das Seelenheil ‚gefallener Mädchen' kümmert, verliebt sich in eine seiner Schutzbefoh-

---

13 Horst Weber, Begleittext zur Schallplatteneinspielung DGG 2532021 unter Lorin Maazel: Hermann Danuser, „Vom Erotisch-Imaginären in Zemlinskys Lyrischer Symphonie", in: Katharina John (Hrsg.), *Alexander von Zemlinsky und die Moderne*, Berlin 2009, S. 113-120.

14 „Sieben Legenden", in: Jonas Fränkel (Hrsg.), *Sämtliche Werke*, Bd. 2, Bern 1945.

lenen und wird nicht nur ein guter Liebhaber, sondern auch ein guter Ehemann, und das auch noch – letztlich – mit dem Segen der Kirche.

Der *Kreidekreis* (1930-32) nach Klabunds Theaterstück von 1925 geht auf ein chinesisches Märchen zurück. Mit diesem Sujet entfernt sich Zemlinsky am weitesten vom Brennpunkt des eigenen Lebens. Zwar vollziehen auch hier drei Personen innere Wandlungen, aber sie ereignen sich – nach Märchenart – ohne Begründung: Der Steuereintreiber Ma wird zwar durch den Einfluss seiner Zweitfrau Hai-tang zum guten Menschen, allerdings ohne Folgen für den Fortgang der Handlung, da er von seiner Erstfrau umgebracht wird. Auch die Wiederaufnahme des Prozesses gegen die vermeintliche Mörderin Hai-tang kommt durch einen Rollenwechsel außerhalb der gezeigten Handlung zustande: durch die Krönung des Prinzen Pao zum Kaiser. Dem radikalsten ‚Rollenwechsel' unterliegt Hai-tangs Kind, ohne sich dessen bewusst sein zu können: Im ersten Rollentausch wird es von Mas Erstfrau als eigenes Kind usurpiert, im zweiten der rechtmäßigen Mutter zugesprochen, weil Hai-tang ihr Kind, um es zu schonen, im Kampf loslässt und dadurch zurückgewinnt.

In *Der König Kandaules* (1935-36), nach André Gides gleichnamigem Drama kommen alle Varianten der Identitätsproblematik zusammen. Zemlinsky verfertigte das Libretto selbst. König Kandaules ist von dem Wunsch besessen, sein Glück mit anderen zu teilen, damit er es selbst genießen kann. Auf einem Gelage befiehlt er seiner Gattin Nyssia, ihren Schleier fallen zu lassen und seinen Saufkumpanen ihre Schönheit preiszugeben. Auch bittet er seinen Freund Gyges heimlich in sein Schlafgemach – Gyges macht sich durch die Zauberkraft eines Rings unsichtbar und nimmt die Rolle des Gatten ein. Doch aus Liebe gibt er sich Nyssia zu erkennen, die – von der Demütigung durch ihren Gatten tief verletzt – Kandaules umbringen lässt und Gyges zum neuen König erhebt. Hier sind mehrere Verwandlungen ineinander verwoben: Wie in *Kleider machen Leute* nimmt ein Protagonist die Gestalt eines anderen an; wie in der *Florentinischen Tragödie* wechselt ein Protagonist seine Funktion, hier von der heimlichen Identität des Liebhabers zur öffentlichen des Königs; wie im *Zwerg* erfährt Nyssia Demütigung durch Entblößung, und Kandaules erliegt wie der Zwerg dem Selbstbetrug durch falsches Glück.

Die Außenseiterrolle, die Versenkung im Traum, Verkleidung und Selbsttäuschung sind Motive, in denen die Identität des Subjekts auf je eigene Weise in Frage gestellt ist. Sie durchziehen – von den Opern bis zu den Liedern – Zemlinskys Sujet gebundene Musik.

AUF DER FLUCHT

In der ‚Reichshauptstadt'

Zemlinskys ‚Bekenntnisbrief'[15] an Alma ist von einer Offenheit, wie er sie gegenüber keiner anderen Person, auch nicht gegenüber Schönberg, zeigte. Ihr traute er vielleicht gerade deswegen Verständnis für seine Kunst zu, weil sie sich in autobiographischen Kurzschlüssen verletzt fühlte.

1924 hatte Zemlinsky sich um die Leitung der Berliner Staatsoper bemüht – vergeblich, die Stelle erhielt ein anderer Wiener, Erich Kleiber. In Prag wollte er nach sechzehn Jahren nicht länger bleiben, und so nahm er 1927 die Stelle eines Ersten Kapellmeisters an der Berliner Krolloper an – unter Otto Klemperers Leitung. Obwohl als Dirigent hochgerühmt, hat er nie eine leitende Position an einem der führenden Opernhäuser Deutschlands oder Österreichs bekleidet. Gleichwohl war es die Krolloper, an der gegen Ende der Weimarer Republik die maßgeblichen Produktionen eines neuen Musiktheaters entstanden, das dann nach dem Zweiten Weltkrieg Gestalt annahm.[16] Gerade deswegen geriet das Haus in die Schusslinie konservativer Kreise – besonders der bereits erstarkenden Nationalsozialisten, denen dieser Hort des ‚Kulturbolschewismus' ein Dorn im Auge war. 1931 dirigierte Zemlinsky noch *Die Erwartung* seines Schwagers Arnold Schönberg, dann wurde das Haus geschlossen. Ein Jahr zuvor hatte er – nach dem Tode seiner ersten Frau Ida – die Sängerin und Malerin Luise Sachsel geheiratet, mit der er bereits seit Mitte der zwanziger Jahre verbunden war. Nach Schließung der Krolloper lehrte er an der Berliner Musikhochschule, bis er im Frühjahr 1933 nach dem sogenannten „Gesetz zur Wiederherstellung des Berufsbeamtentums" den Dienst quittierte und mit seiner Frau nach Wien zurückkehrte. Zur selben Zeit wurde die Krolloper nach dem Reichstagsbrand zum Forum für Hitlers Auftritte als ‚Führer'.

‚Exil' in der Heimat

Zemlinskys Äußerung in seinem Brief[17] an Alma Mahler-Werfel klingt, als hätte er sich in sein Schicksal ergeben. Doch blieb er von seiner Arbeit überzeugt, wie mir seine Witwe 1972 versicherte. Und der Erfolg von *Der Kreidekreis*, der in der Spielzeit 1933-34 von mehreren Bühnen angenommen worden war, schien ihm endlich Recht zu geben. Doch Hitlers Usurpation der Macht setzte dem ein Ende. In Wien kam er wieder mehr zum Komponieren. Nach Österreichs ‚Anschluss' musste er die Arbeit an seiner neuen Oper *Der König Kandaules* unterbrechen. Da österreichische Reisepäs-

---

15 Horst Weber (siehe Fn[1])
16 Hans Curjel, *Experiment Krolloper*, aus dem Nachlass hrsg. von Eigel Kruttge, München 1975.
17 Horst Weber (siehe Fn[1])

se ihre Gültigkeit verloren hatten, mussten die Zemlinskys im April 1938 deutsche Reisepässe beantragen, um Österreich verlassen zu können. Dazu mussten sie einen ‚Ariernachweis' führen. Das war seiner Frau ohnehin nicht möglich, aber auch er hatte zum Teil jüdische Vorfahren. Im Mai begannen sie, ihre Ausreise vorzubereiten, nicht ohne die obligatorische Reichsfluchtsteuer zu entrichten. Im September 1938 kamen sie mit neuen Pässen in Prag an. Wie tausende andere bemühten sie sich um ein Visum für die USA – angesichts der restriktiven Einreisebestimmungen ein nahezu aussichtsloses Unterfangen. Seine ehemalige Schwägerin Melanie Guttmann bemühte sich um ein Affidavit, scheiterte aber an den finanziellen Konditionen. Schließlich gelang es mit Unterstützung von Freunden, eines der raren Quotenvisa zu erhalten. Im Dezember 1938 kamen die Zemlinskys in Ellis Island an.

Exil in der Fremde

In New York dachte Zemlinsky zunächst daran, seine Arbeit am *König Kandaules* zu vollenden. Er hoffte auf Hilfe seines ehemaligen Schülers Artur Bodanzky, der 1915 ausgewandert war und Chefdirigent der MET für das deutschsprachige Repertoire wurde. Aber Bodanzky blieb gerade noch Zeit, seinem Lehrer zu eröffnen, dass ein solches Libretto – mit Nacktheit der Hauptdarstellerin, Ehebruch und Gattenmord – keine Chance bei der bigotten ‚upper class' habe. Dann verstarb er und Zemlinsky gab die Arbeit an der Oper auf.

Die Zeit in den USA war bedrückend, um das Mindeste zu sagen. Die Ereignisse in Europa hatten ihn im wahrsten Sinne des Wortes krank gemacht. In die US-amerikanischen Lebensverhältnisse konnte er sich nicht einfinden, er beherrschte die Sprache nicht, hatte kein Geld, war körperlich zu schwach zum Dirigieren. In dieser Stadt wollte er, wie ihn seine Frau zitierte, „nicht einmal begraben sein". Doch es kam anders.

Was also sollte er anstelle von *König Kandaules* komponieren? Der Zufall kam ihm zu Hilfe. Er traf einen alten Bekannten, Walter Firner, und dessen Frau Irma Stein-Firner. Sie schrieben für ihn ein neues Libretto, *Circe*. Welch eine Allegorie des US-‚Exils': Odysseus auf der Flucht vor den ‚Laistrygonen', alle zwölf Schiffe außer einem verloren, ein Großteil der Mannschaft getötet; und dann das rettende Ufer – die Zauberinsel Aiaia, wo er samt den verbliebenen Kameraden nur mit List der Verschweinung entgeht und sich letztlich doch – mit Circes Hilfe – auf den Heimweg machen kann. Und wieder das Thema der Verwandlung, sowohl die der Kameraden in Schweine samt deren Rückverwandlung als auch die der Zauberin von der Hexe zur Helferin. Doch es war ihm nicht vergönnt, auf die letzte Ausgrenzung, die er erfuhr und die zugleich seine Rettung war, künstlerisch zu reagieren.

Schönberg, der mittlerweile von Boston nach Los Angeles umgesiedelt war, besuchte ihn im November 1940 anlässlich der Aufführung seines *Pierrot lunaire* in New York. Nach langer Zeit begegneten sie sich wieder. Zemlinsky, der ‚Lehrer', hielt Anfang der zwanziger Jahre Schönbergs Weg zur Dodekaphonie für einen Irrweg. Das verzieh Schönberg nicht und hat beide auf Distanz gebracht. In Berlin, wo sie einige Jahre lang gemeinsam gelebt hatten, waren sie sich weitgehend aus dem Weg gegangen. Dann immigrierte Schönberg in die USA und Zemlinsky in seine Heimatstadt. Es war also ein Versöhnungsbesuch – Schönberg liebte große Gesten. Er riet Zemlinsky, ebenfalls an die Westküste zu ziehen; dort sei das Klima verträglicher und dort würde er gesund und bald wieder der ‚Alte' werden.[18] Aber dazu kam es nicht mehr. Mehrere Schlaganfälle machten ihn erst reiseunfähig, dann bettlägerig. Er starb knapp zweieinhalb Jahre nach seiner Ankunft in den USA am 15. März 1942 in Larchmont bei New York.

REZEPTION

Ellipsen eines Begriffs

„Immer fand ich den Namen falsch, den man uns gab: Emigranten."[19] Vor allem durch Brecht hat sich der Exilbegriff durchgesetzt, dann aber so geweitet, dass er doch einem Synonym für Emigration nahekommt. Diese Entwicklung ist für Zemlinsky von Belang; denn auch hier geriet er zwischen die Stühle der Terminologie. Die Weitung des Exilbegriffs vollzog sich in drei Phasen, in denen jeweils ein anderes Merkmal im Brennpunkt stand.

In Antike und Mittelalter meint ‚Exil' einen Rechts-Status. Er kann verändert werden, etwa durch Begnadigung: Sie wurde Ovid verweigert, Dante unter Auflagen gewährt, die er nicht akzeptierte. Während der Französischen Revolution wurden Menschen, die durch Flucht ihren Kopf vor der Guillotine retteten, als ‚émigrants' bezeichnet. Sie waren geflohen, nicht verurteilt; aber die Bezeichnung wurde durch ihren historischen Kontext diskreditiert: Wer wollte schon als Flüchtling vor einer Republik gelten?

Ab 1933 nahmen Flüchtlinge den Exilbegriff für sich in Anspruch – wie Brecht, der sich gerne als Proletarier verkleidete und zugleich zu den Dichterfürsten im Exil zählte. Die Bezeichnung ‚Emigranten' lehnte er mit dem Ausruf ab, dass das doch Auswanderer heiße – ein provokanter Verzicht auf Dialektik: Wörter ähnlicher Bedeutung haben, je nachdem sie germanischen oder romanischen Ursprungs sind, unterschiedliche Valeurs: hätte das Wort ‚Auswanderer' dieselbe Bedeutung wie ‚Emigranten', gälte dies auch für ‚ursprünglich' und ‚primitiv'. Doch war Brecht bewusst, dass er nicht verbannt war – er war ja nicht verurteilt wie Ovid und Dante, konnte also von Hitler auch nicht begnadigt werden. Er reklamierte für sich das ‚Exil' als Status des Intellektuellen, der außer Landes Widerstand gegen das Regime leistete: „Und kein Heim, ein Exil soll [!] das Land sein, das uns da aufnahm."[20] Die Waffe des Intellektuellen ist sein Werk. Dieser Exilbegriff bewahrt das alte Zentrum des politischen Un-

---

18 Brief vom 09.02.1940, in: Horst Weber (Hrsg.), *Alexander Zemlinsky, Briefwechsel mit Arnold Schönberg, Anton Webern, Alban Berg und Franz Schreker*, Darmstadt 1995, S. 278.

19 Bertolt Brecht, „Über die Bezeichnung Emigranten" (1937; Svendborger Gedichte), in: *Große kommentierte Berliner und Frankfurter Ausgabe. Gedichte 2*, Berlin – Weimar, S. 81.

20 Bertolt Brecht (siehe Fn[19])

rechts, fügt aber ein neues hinzu: die künstlerisch-politische Qualität dieser Existenz.

Nach dem Kriege griff die Literaturwissenschaft diesen erweiterten Exilbegriff auf und verfolgte die vielen Ellipsen von Biographie und Werk; andere Disziplinen, auch die Musikwissenschaft, folgten. Dann diffundierte der Begriff, vor allem durch seinen Gebrauch in den Massenmedien, und umfasst nun alle Menschen, die ihr Land verlassen mussten, weil sie von Gewalt bedroht waren.

Vielen Flüchtlingen vor dem nationalsozialistischen Terror wurde die Fremde ein ‚Heim', Gottseidank: dem jüdischen Ingenieur, der jüdischen Ärztin, dem jüdischen Lehrer. Zemlinsky hat schon in Europa als ‚Gezeichneter' ein ‚inneres' Exil erlebt: als er ins Exil vertrieben wurde, wurde es ihm kein – Heim, aber es blieb ihm auch verwehrt, ein Künstler des Exils zu werden.

‚Zemlinsky-Renaissance'

Nach dem Krieg war Zemlinsky so gut wie vergessen. Einzig Adorno erinnerte 1959 in einem Radiovortrag an ihn. Aber trotz einfühlsamster Interpretation erwies er dem Komponisten einen Bärendienst, indem er ihn ‚Eklektiker' nannte.[21] In den sechziger Jahren war dieses Schlagwort ein ästhetisches Todesurteil. Das Klima der kollektiven Verdrängung, das die junge Bundesrepublik beherrschte, änderte sich erst durch die Frankfurter Auschwitz-Prozesse. Vor den Tatsachen, die dort verhandelt wurden, konnte man nicht mehr die Augen verschließen! Mitgefühl mit den Verfolgten weckte aber erst die amerikanische Spielfilmserie *Holocaust – Die Geschichte der Familie Weiss* von 1978/79.

Empathie öffnet die Ohren. Sich Zemlinskys zu erinnern war allerdings schwierig, weil viele Werke nicht mehr zugänglich waren. Verfügbar waren zunächst nur die Kompositionen, die ab 1913 bei der Universal Edition erschienen waren. Vom Jugendwerk lagen einige Liedersammlungen nur in vergriffenen Drucken vor, von der Instrumentalmusik nichts außer dem Trio, das auf Brahms' Empfehlung gedruckt worden war. Es fehlte fast das gesamte Oeuvre des ersten Jahrzehnts: *Der Triumph der Zeit*, *Die Seejungfrau* und *Der Traumgörge*, außerdem zahlreiche Lieder. Ein Rätsel, warum Zemlinsky sich später nicht intensiver um sie bemühte; waren diese Werke für ihn mit einem Bann belegt oder wollte er – wie der Brief an Alma suggeriert – die „Ellbogen" nicht einsetzen, die ihm außerhalb Wiens ‚gewachsen' waren? Nach seinem Tode wusste man nicht einmal von ihrer Existenz. Da war die Forschung gefragt; doch auch sie lief nicht ohne Schwierigkeiten an.

Davon wurde auch ich Zeuge. Als ich 1972 – nicht ahnend, worauf ich mich einlassen würde – meinem damaligen ‚Chef' sagte, ich wolle über Zemlinsky arbeiten, lachte er (mich aus?) und rief: „Was? Über den Kapellmeister von der Krolloper?"

---

21 Theodor W. Adorno, *Quasi una fantasia. Musikalische Schriften 2*, Frankfurt am Main 1963, S. 155-180, insbes. S. 155-160.

– er hatte damals in Berlin studiert. Damit war das Thema als Habilitationsprojekt erledigt. Und als die Deutsche Forschungsgemeinschaft mir eine Sachbeihilfe zu meinem Buchprojekt bewilligte, wurde ein Flug nach New York zum Besuch der Witwe genehmigt, aber ein Aufenthalt in Washington zur Sichtung des Nachlasses gestrichen – für die erste Buchpublikation über einen Komponisten eine ‚weise' Entscheidung; wahrscheinlich hatte auch dieser Gutachter in Berlin studiert. Ein gültiges Werkverzeichnis hat erst Antony Beaumont in seiner Zemlinsky-Monographie von 2000 vorgelegt.

Louise Zemlinsky, die mich zu Beginn meines Projekts so hoffnungsfroh empfangen hatte, war von dem Buch ernüchtert. Nicht dass ihr die schmale Quellenbasis missfallen hätte – mein Portrait war ihr nicht positiv genug. Gewiss ist es noch aus der Perspektive einer linearen Entwicklung der Neuen Musik konzipiert, von der heute nicht mehr die Rede sein kann. Doch war und ist es meine Überzeugung, dass man die Größe dieses Komponisten nur erkennen kann, wenn man vor den Rissen, von denen er gezeichnet war, nicht die Augen verschließt.

Die Gespenster der Vergangenheit wirkten weiter. Nach dem Buch nahm ich, durch Rudolf Stephan ermutigt, die Edition von Zemlinskys Briefwechsel in Angriff. Als ich das Ergebnis Louise Zemlinsky vorlegte, wollte sie einige Stellen aus frühen Briefen nicht zur Veröffentlichung freigeben; sie waren damals – wie sie es nannte – allenfalls ‚Kavaliersdelikte', die allerdings – so ist hinzuzufügen – damals einem ‚Kavalier' Almas[22] gut anstanden, aber nach ‚Auschwitz' einen bitteren Nachgeschmack hatte. Zu Auslassungen war ich nicht bereit, aber auch Frau Zemlinsky war, trotz Vermittlungsversuche mehrerer Persönlichkeiten, nicht umzustimmen – heute für mich eher einsichtig als damals, wurde doch ihre Familie in Auschwitz ermordet. Erst nach ihrem Tode 1992, also etwa zehn Jahre später, konnte der Briefwechsel – von Susanne Rode-Breymann nochmals durchgesehen – dank des Alexander Zemlinsky Fonds bei der Gesellschaft der Musikfreunde in Wien erscheinen.

Viele Musikforscher haben der ‚Zemlinsky-Renaissance' zugearbeitet, allen voran Antony Beaumont. Doch zunächst erklangen nur die verfügbaren Werke. Zemlinskys Kammermusik zum Durchbruch verholfen zu haben, war das Verdienst des LaSalle Quartet insbesondere seines Primarius Walter Levin. Bereits 1978 spielte es das Zweite Streichquartett ein, vervollständigte dann diese Einspielung mit den drei übrigen Quartetten zu einer Gesamtaufnahme (1982).

Den Durchbruch in der Gattung Oper brachte 1981 die Produktion der beiden Einakter *Eine florentinische Tragödie* und *Der Zwerg* an der Hamburgischen Staatsoper, sie machte – auch durch Gastspiele – den Namen Zemlinsky in der Welt bekannt. Allerdings gab es einen Wermutstropfen: die Unterlegung eines neuen Textes zum *Zwerg*. Durch sie wurde nicht nur Zemlinskys Verhältnis von Wort und Ton zerrüttet, sondern auch die Charaktere verändert: Die Koketterie der Infantin wurde in die grausame Unschuld des Kindes zurückverwandelt; das entspricht zwar Wildes Original, aber nicht Zemlinskys Musik. Es bleibt das Verdienst der Produktion, den beiden Einaktern Zemlinskys zu einem großen Publikumserfolg verholfen zu haben. Zemlinskys ungespielte, aber vollendete

---

22 Zu Almas Antisemitismus siehe Oliver Hilmes, *Witwe im Wahn. Das Leben der Alma Mahler-Werfel*, Berlin 2004, S. 52 ff.

Oper *Der Traumgörge* wurde 1980 dank des unermüdlichen Wulf Konold in Nürnberg uraufgeführt. Ab den achtziger Jahren eroberten Zemlinskys Opern die Bühnen, vom Erstling *Sarema* bis zum *König Kandaules*. Dessen Uraufführung ist der aufopferungsvollen Arbeit Antony Beaumonts zu danken, der das Werk aus den erhaltenen Manuskripten rekonstruierte und die Instrumentation vollendete. Mit der Uraufführung des *König Kandaules*, 1995 wiederum an der Hamburgischen Staatsoper, fand die ‚Zemlinsky-Renaissance' ihre Vollendung. Seither ist Zemlinskys Oeuvre im Musikleben gegenwärtig, ohne dass es des Markenzeichens ‚Exilkomponist' bedürfte (inzwischen sind ohnehin andere Markenzeichen *en vogue*). Seine Lieder erklingen in ‚Recitals' der berühmtesten Sängerinnen und Sänger, seine Streichquartette sind geradezu Repertoirestücke geworden und auch seine Opern werden nach wie vor aufgeführt. Und dies aus dem Grund, dem Schönberg überzeugend Ausdruck verliehen hat: „Ich habe immer fest geglaubt, daß er ein großer Komponist war, und ich glaube immer noch fest daran."[23]

---

23 Arnold Schönberg (siehe Fn[5]).

Katja Kaiser

FREIHEIT NACH SCHIKANEN

Die großen Dampfschiffe steuerten ihre bis zu 2000 Passagiere binnen 6 Tagen von Europa nach Ellis Island, der Insel vor New York, auf der Immigranten erst die Einwanderungsbehörde durchlaufen und Dokumente vorweisen mussten. Zu diesen Dokumenten zählten Visa-Antrag, Geburtsurkunde, Steuerdokumente, ärztliches Attest, polizeiliches Führungszeugnis, militärischer Entlassungsschein aus dem 1. Weltkrieg und eine Inventarliste jener Gegenstände, die sie zurückließen. Je nach Wert dieser Gegenstände bzw. einer Immobilie wurde eine Steuer berechnet. Der Komponist Ernst Toch immigrierte bereits 1932 in die Vereinigten Staaten von Amerika, Arnold, Gertrud und deren Tochter Nuria Schönberg im Oktober 1933, Schriftsteller Thomas Mann im Mai 1934, Komponist Kurt Weill, Dramatiker und Librettist Bertolt Brecht, Schriftsteller Stefan Zweig und Komponist Hanns Eisler 1935, Pianist und Komponist Eduard Steuermann und Komponist Ralph Benatzky 1936. Bis 1938 musste man damit rechnen, mindestens zwei Jahre auf ein Visum zu warten. Zwischen 1938 und 1941 erlaubte das US-Recht die Ausstellung von nur 27.370 Einwanderungsvisa pro Jahr für in Deutschland oder Österreich geborene Personen. Man musste sich registrieren und auf eine Warteliste setzen lassen, um vom US-Konsulat interviewt zu werden und ein Visum zu erhalten. 1938 konnten die Komponisten Walter Bricht und Alexander Zemlinsky einschiffen *(SS Statendam)*, die Komponisten Egon Lustgarten und Erich Wolfgang Korngold ebenso 1938, der Sänger und Filmschauspieler Jan Kiepura und seine Ehefrau, die Sängerin und Filmschauspielerin Marta Eggerth, der Dirigent und Pianist Bruno Walter, die Komponisten Julius Bürger und Walter Aptowitzer (später Walter Arlen), der Musiktheoretiker und Lehrer Richard Stöhr, die Pianistin Erna Jonas 1939, der Komponist Wilhelm Grosz ebenso 1939 *(SS Nieuw Amsterdam)*, die Schriftsteller Lion Feuchtwanger und Alfred Döblin 1940.

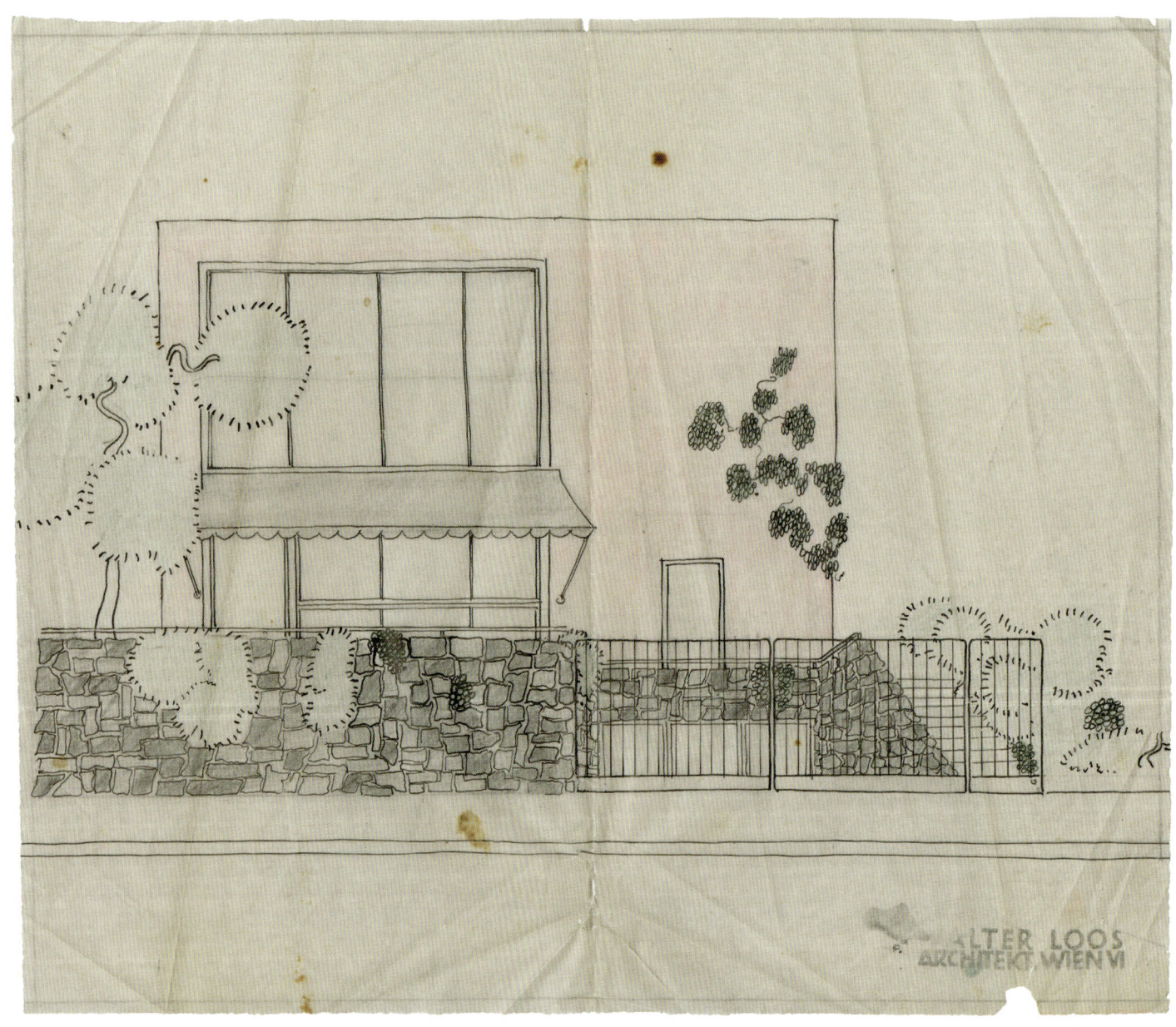

Zeichnung des Architekten Walter Loos, Haus Kaasgrabengasse 24, 1934
Alexander Zemlinsky-Fonds bei der Gesellschaft der Musikfreunde Wien, Nachlass Louise Zemlinsky (A-Wgm)

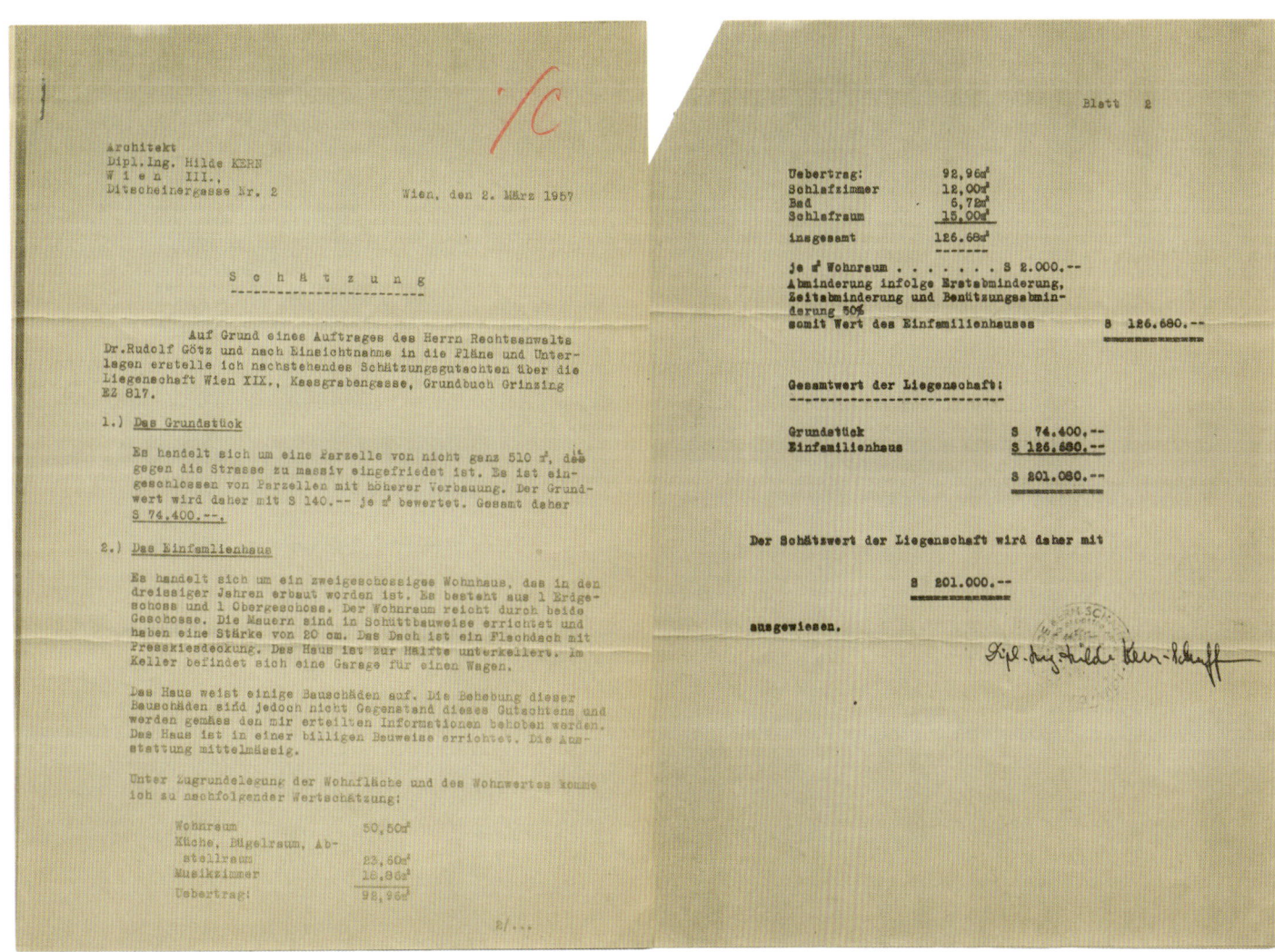

Schätzung des Hauses in der Kaasgrabengasse 24, vorgenommen von Architektin Hilde Kern, 1957
Alexander Zemlinsky-Fonds bei der Gesellschaft der Musikfreunde Wien, Nachlass Louise Zemlinsky (A-Wgm)

Aufgrund der 11. Verordnung zum Reichsbürgergesetz aus 1941 verloren die Zemlinskys durch Enteignung ihr Haus und gesamtes Hab und Gut, das sie in Wien zurücklassen mussten. Sie versuchten, von der Ferne aus über Anwälte, die ab 1946 beschlossenen Rückstellungsgesetze in Kraft treten zu lassen, aber weitere Schikanen wie abgelaufene Vollmachten für die grundbücherliche Eingabe erschwerten die Restitution und zögerten den Verkauf der Immobilie bis ins Jahr 1958 hinaus – 16 Jahre nach dem Tod von Alexander Zemlinsky.

Louise Zemlinsky, Wien XIX., Kaasgrabengasse 24

Wirtschaftssache

1.	31	Div. Tischtücher	1929
2.	116	" Servietten	"
3.	105	" Deckerl	"
4.	3	Läufer, Milieux	
5.	30	Servierhandschuhe	1936
6.	3	div. Waschlappen	
7.	2	Arbeitskittel	1930
8.	130	Badetücher	1929
9.	25	div. Geschirrtücher	"
10.	18	Staubtücher	"
11.	18	Badetücher	"
12.	7	Topf und Schuh- lappen	1937
		Bügel- und Roll- tücher	1929
13.	23	weisse Schürzen	1930-1935
14.	1	Paket m. Kragen und Manchetten zu Schürzen	
15.	3	Dienerjacken	1933
16.	10	Rasiertücher	1937
17.	14	Mädchenarbeitskleider	1930-36
18.	5	Badevorleger	1929
19.	4	Inlaid f. Polster	"
20.	74	div. Handtücher	"
21.	19	Matratzenüberzüge	1933-1935
22.	4	Bademäntel	1929

Bettsache

23.	27	Leintücher	1929
24.	25	Bettgarnituren dreiteilig	"
25.	10	Bunte Polster- Überzüge	1933-1937

Leibsache

Herrensache

26.	29	div. Hemden	1929
27.	7	"	1936-1937
28.	5	Frachthemden	1929
29.	3	" Westen	" -1937
30.	8	Unterhosen	
31.	7	Pyjamas	1929-1937
32.	26	Taschentücher	1931
33.	2 P.	Handschuhe	1929
34.	42"	div. Strümpfe	1929-1936
35.	2	Gürtel u.P. Strumpfbandhalter	1929
36.	2	P. Pantoffel	"
37.	7	Trikotleiberl u. Hoserl	"

Damensache

38.	12	Nachthemden	1930-1931
39.	14	Kombinationen	"
40.	10	Unterhosen	1929-1936
41.	12 P.	Strümpfe	1935-1937
42.	15	Büstenhalter	"
43.	35	Taschentücher	1929
44.	3	Mieder	1929-1937
45.	8	Bettjacken	1929
46.	4	Frisierjacken	"
47.	2	" Pyjamas	"
48.	2 P.	Wollsocken	1936
49.	6	Leibchen	-1937
50.	6	Patschen	1930

Herrenkleider-Schuhe etc.

51.	6	Strassenanzüge 3 teil.	1930-1937
52.	2	Mantel	1930-1935
53.	1	Frakanzug	1929
54.	1	Smoking "	1937
55.	2	Hosen	1929
56.	1	Lüsteranzug	"
57.	1	Schachtel steife Kragen, 6 neu	1929
58.	2	Hausjacken	"
59.	1	Hut	"
60.	32	Kravatten Binden	1929-1937
61.	2	Pullover	"
62.	1 P.	Schneeschuhe	"
63.	1	Sandalen	"
64.	9	div. Schuhe	1 -1937
65.	1	Schachtel Hemdknöpfe	1929-1937
66.	5	Schlafröcke	"
67.	2	Regenkragen	1931-1937
68.	11	Hüte	1931-1937
69.		div. Reste	
70.	1	P. Gamaschen	1929
71.	1	P. Schneeschuhe	1929
72.	2	Hausschuhe	1937
73.	17	div. Schuhe	1929-1937
74.	16	Blusen	1933-1937
75.	5	Pullover	1930-1937
76.	9	Mäntel	1933-1937
77.	12	Halstücher	1933-1937
78.	7	Kostüme 5 neuere	1933-1937
79.	3	Röcke	1933-1937
80.	1	Lamenjacke	1929
81.	1	Welljacke	
82.	19	div. Kleider	1933-1937

83.	1	Kleiderweste	1937
84.	2	Capes	1932
85.	4	Unterkleider	1934-1937
86.	12	Handtaschen	1929-1937
87.	18	Handschuhe	1933-1936
88.	2	Seidenbehälter	1937
89.	26	div. Gürtel	1933-1937
90.	3	Theater Perücken	1929
91.	1 P.	" Sandalen	"
92.	2	Schirm	1935
93.	1	Schminkkassette	1921
94.	1	rotes Sahtuch	

Diverses

95.	1	Nähkörbchen - Utensilien	1930
96.	2	Einkaufkörbchen	1933
97.	1	Karton und div. Handtaschen	1910-1931
98.	5	Brillen	1915-1929
99.	1	elektr. Föhn	1929
100.	1	Elektrolux Staub- sauger	1929
101.	1	elektr. Toaster	1930
102.	1	elektr. Rost	1937
103.	1	" Floralampen	
		chen	1936
104.	1	" Thermophor	1932
105.		div. Medikamente wertlos	
106.		div. Schuhcremen	
107.		lose Fotos	
108.	2	Reiseplaid	1929
109.	2	Soffitten	"
110.	2	Armleuchter	1937
111.	2	Nachtkastellampen	1929
112.	1	Tischlampe	"
113.	7	div. Beleuchtungs- körper	1929
114.	6	Tischfilze	
115.	2	Holztabletten	1929-1937
116.	13	Vorhänge	1930-1934
117.	7	Muscheln	
118.	6	Vorhänge	1930-1933
119.	1	Küchenwecker	1934
120.	1	Reisewecker in Etui	1926
121.	1	Schachspiel in Kassette	1900

Louise Zemlinsky, Wien XIX., Kaas[grabengasse 24]

Nr.	Anz.	Gegenstand	Jahr
122.		div. Spiele in Kartons	1930
123.	ca. 30	Kleiderbügel	1929
		Glas- und Porz-Gegenstände	
124.	2	Figuren Porz.	1929
125.	9	div. Aschenschalen	"
126.	1	Glasservice best. aus 113 St.	1930
127.	1	Porz. Teeservice aus 18 St.	1930
128.	1	Mokkaserv. 23 St.	1933
129.	1	Steingut Mokkaserv.	1929
130.	1	Porz. Kaffeeserv. 29 St.	1929
131.	2	Porz. Speiseserv. 99 St.	1929
132.	2	Glasservice best. aus 42 St.	1934
133.	2	Glas-Zuckerstreuer m. Metalldeckel	1936
134.	2	Glas Glocken	1929
135.	4	" Vasen	"
136.	1	Porz. Speiseservice 54 St.	1933
137.	3	einzelne Teller	1930
138.	2	Glasteller	1929
139.	7	Milchgläser	1930
140.	12	Bowlegläser	1930
141.	30	Schnapsgläser	"
142.	5	div. Kakaodosen m. Deckel	1933–1937
143.	8	div. Glaslikörflaschen m. Stöpsel	1929–1932
144.	40	Einsiedegläser	1930
		Bettzeug	
145.	12	Polster	1929
146.	3	Karlsbader Decken	1929
147.	1	Oberbett	1929
148.	2	Steppdecken	"
149.	1	Daunendecke	"
		Teppiche	
150.	10	div. Teppiche Ausstattung	1929
		Metallgegenstände	
151.	1	Alpacca Service f. 6 Pers. bestehend aus:	1934
152.	2	Messingleuchter 3 kerzig	1930
153.	1	Alpaccateeservice 4 tlg.	"
154.	1	Kaffee und Milchkanne, 1 Zuckertiegel	1932
155.	1	Alpacca Sauciere m. Tasse	1930
156.	2	Fleischschüsseln Alpacca	"
157.	4	Gemüseschüsseln	"
158.	1	Tablett	"
159.	2	Tortenteller	"
160.	1	Sandwichplatte	"
161.	3	runde Tellern	"
162.	12	Likörtasserl	"
		m. Ständer	
163.	1	Zeppelinplatte	1936
164.	1	Aschenbecher Bronze	1930
165.	2	" Zinn	1930
166.	3	Zeppelinmetall Aschenbecher	1937
167.	1	Hors d'oeuvre-Schüssel m. 4 Glas-Alpacca	1935
168.	1	Bronzefigur	1936
169.	1	Glasuntersatz Alpacca	1930
		Echtes Silber	
170.	1	Silberbüchserl horsl./trig	1902
171.	2	" Armreifen	
172.	2	" Halsketten	1910
173.	1	Sil. Brotdose	1929
174.	1	" ovale Platte	"
175.	1	" Zuckerdose	"
176.	1	" Aschenbecher	Hochzeitsgeschenk
177.	1	" Käseplatten m. Glasplatte	
178.	1	" runder Teller	
179.	1	" Silbertasche	1910
180.	2	" Börsen	
181.	1	" Toilettegarnitur aus 5 Teilen	1930

Bestandsliste des Hauses Kaasgrabengasse 24
Alexander Zemlinsky-Fonds bei der Gesellschaft der
Musikfreunde Wien, Nachlass Louise Zemlinsky (A-Wgm)

Louise Zemlinsky, Wien XIX., Kaasgrabeng.24

214.	1	Leiter	1929
215.	1	Ärmelbrett	"
216.	1	Kochkiste	1936
217.	1	Messglas	1929
218.	2	Bügeleisen	1926-1930
219.	1	Gummithermophor	1930
220.	1	Irrigator	"
221.	1	Widmung im Rahmen	1927
222.	2	Plaketten	"
223.		div. Plaketten m. eigenen Manuskripten	"
224.		div. Bilder ungerahmt	"
225.	1	Dirigentenstab m. S. Beschlag	1927
226.		div. eigene Schallplatten	1927-1931
227.	1	Kupfer Aschenbecher	1930
228.	1	Soffiten Luster	1929
229.	1	Klimtmappe m. Reproduktionen	1929
230.	1	Nähmaschine Singer	1930
231.		Hocker	"
232.	1	Spiegel	"
233.	1	Klapptisch	"
234.	2	Sessel	1929
235.	1	Wandspiegel m. Goldrahmen	"
236.	8	div. Bilder m. Rahmen	"
237.	2	Matratze Lang	1937
238.	1	kl. Lederkofferl	"
239.	1	Kragenkofferl	"
240.	1	kl. Reisespeisekörbchen	"
241.	2	Ruckkoffer	"
242.	7	div. Handkoffer	"
243.	1	Rohrplatten	"
144.	2	Reisekoffer Schmutzwäschkörbe	1938
145.	1	" Reisesack	1932
146.	1	gr. Reisekorb	"
		Mobiliar	
147.	1	Couch m. 3 Matratzen u. Einsatz	1929
148.	1	Fauteuil	"

Louise Zemlinsky, Wien XIX.

249.	2	Hocker	1929
250.	1	Fauteuilspolster	"
251.	2	dreitül. Schränke	"
252.	1	kl. Bank(Eiche)	"
253.	1	Toilettetisch	"
254.	1	Spiegel	"
255.	2	niedere 4 eck. Tischerl m. Marmorplatten	"
256.	1	gr. 4 eck. Holztisch	"
		Herrenschlafz.	
257.	1	Couch m. 3 Matr. und Einsatz	1929
258.	1	dreitüriger Garderobeschrank & Wäschekasten	1938
259.	1	dreitür. Aufsatzkasten	"
260.	1	Schaukelfauteuil m. Polster	1912
261.	1	niederer 4 eck. Tisch	1929
262.	1	Nachtkystchen	"
263.	1	Spiegel	"
264.	2	Bilder m. Rahmen	1927-1929
		Arbeitszimmer	
265.	1	Fürstenflügel	1929
266.	1	Schreibtisch samt Fauteuil	1929
267.	2	Stahlrohrsessel	1931
268.	2	Holzhocker	1906
269.	1/6	teil. Bücherstellage m. 4 Schränken	1929
270.	9	Fotos m. Rahmen 1 russ. Heiligenbild Metall	
271.	1	Farbdruck m. Rahmen	
292.	261.	Noten ungebunden	1889-1929
293.	98	" gebunden	"
294.	25	eigene Kompositionen	"
295.	2	Mappen m. eigenen Manuskript	
296.	400	div. Bücher	1890-1937

Louise Zemlinsky, Wien XIX., Kaasgrabengasse

297.	1	Buch 1000 Worte engl.	1939 S. 7.-
298.	1	Notenmappe	1929
299.		div. Kochbücher & Rezepte	"
		Salon	
300.	3	Holzschränke gepolstert m.	
301.	2	Je 2 Polstern	1937
302.	2	rechteckige Tische	1929
302.	1	runder Tisch m. 2 Fauteuils	"
303.	1	Lehnstuhl	1937
304.	1	Likörwandschrank	"
305.	1	Liegestuhl	1934
306.	1	Ölgemälde m. Rahmen	1937
		Speisezimmer	
307.	1	Tisch rund m. 4 Verlängerungsbrettern	1929
308.	12	Sessel	"
309.	1	Büffet	"
310.	1	Anrichte	"
311.	3	Jourtische	"
312.	1	Piperdruckbild m. Rahmen	"
313.	2	Eisenbetten m. 6 Matratzen u. 2 Einsätzen	1929
314.	1	Rahmen f. Bettzeug	"
315.	1	Küchentisch m. 2 Schaffen	
316.	1	Wäscheglocke	1930
317.	1	Mülleimer Email	1930

„Denn was ich im letzten Jahre zu lernen gezwungen wurde, habe ich nun endlich kapiert und werde es nicht wieder vergessen. Dass ich nämlich kein Deutscher, kein Europäer, ja vielleicht kaum ein Mensch bin (wenigstens ziehen die Europäer die schlechtesten ihrer Rasse mir vor), sondern, dass ich Jude bin."

Arnold Schönberg an Wassily Kandinsky, 19. April 1923

Arnold Schönberg Center, Wien

"What I have been forced to learn over the last years is a lesson I've finally understood and shall not forget again. Namely that I'm not a German, a European, perhaps hardly even a human (at least the Europeans appear to prefer the very worst of their own races to me) – but that I'm a Jew."

Arnold Schoenberg to Vassily Kandinsky, April 19th, 1923

Arnold Schönberg Center, Wien

Steueradministration für den I. Bezirk Wien
Reichsfluchtsteuerstelle
für das Land Österreich

Rfl. Zemlinsky — Zimmer 511

Bitte, stets angeben!

Parteienverkehr wochentäglich von 9 bis 12 Uhr.

Wien I, 20. August 1938.
Riemergasse 2
Fernsprecher: R-22-5-95, Hausanschluß

Zahlungsart:
Sie haben die Steuer im Wege der Postsparkasse an die Steueradministration für den I. Bezirk Wien auf Kontonummer A 43167 einzuzahlen. Bei allen Zahlungen ist die Steuerart anzugeben.

Nummer Ihres Kontos: 786-Fl

An Herrn und Frau Alexander Zemlinsky

Wien, 19.,
Kaasgraben Nr. 24

Endgültiger —**Reichsfluchtsteuerbescheid**

A. Steuerfestsetzung und Fälligkeit

Nach meinen Feststellungen haben Sie Ihren Wohnsitz — gewöhnlichen Aufenthalt im Land Österreich oder im übrigen Reichsgebiet aufgegeben. Sie haben daher gemäß §§ 13, 14 der Ersten Verordnung zur Einführung steuerrechtlicher Vorschriften im Lande Österreich vom 14. April 1938 (Reichsgesetzbl. I S. 389) eine Reichsfluchtsteuer zu entrichten. — Die gleiche Verpflichtung haben die mit Ihnen ausgewanderten Angehörigen (Ehefrau, ~~Kinder~~), soweit sie mit Ihnen zur Einkommensteuer oder zur Vermögensteuer zusammen veranlagt worden sind oder zusammen zu veranlagen sind.

Das Ihnen und Ihrer Ehefrau ~~~~ gehörige Gesamtvermögen am

1. Januar 1938 betrug nach meinen Ermittlungen . . . . 110.875.— RM

~~~~

	RM
Summe	110.875.— RM
~~	RM
~~; es verbleiben als steuerpflichtiger Anteil am Gesamtvermögen	110.875.— RM

Die Reichsfluchtsteuer wird hiermit gemäß § 15 Absatz 1 der eingangs genannten Verordnung auf ein Viertel dieses Betrages

27.718.— RM

festgesetzt. Die Reichsfluchtsteuer ist gemäß § 5 des Reichsfluchtsteuergesetzes*)
am **20. August 1938** fällig geworden;
sie ist gemäß § 6 des Reichsfluchtsteuergesetzes mit einem Zuschlag von 1 vom Hundert für jeden auf den Zeitpunkt der Fälligkeit folgenden angefangenen Monat an mich zu entrichten; der Zuschlag beträgt mindestens 2 vom Hundert des Rückstandes.

*) Reichssteuerbl. 1937 S. 1269; Reichsgesetzbl. I 1931 S. 699; 1932 S. 571; 1934 S. 392, 941; 1935 S. 850; 1937 S. 1385; 1938 S. 389.

B. Rechtsmittelbelehrung

Gegen diesen Reichsfluchtsteuerbescheid steht Ihnen der Einspruch zu; er kann bei mir schriftlich eingereicht oder zu Protokoll erklärt werden. Dies kann nur bis zum Ablauf eines Monats nach der Zustellung des Steuerbescheids, d. h. nach dem Tage, an dem der Bescheid zur Post gegeben ist, geschehen.

Durch die Einlegung eines Rechtsmittels wird die Wirksamkeit des Steuerbescheids nicht gehemmt, insbesondere die Vollstreckung nicht aufgehalten.

C. Folgen bei Nichtzahlung

Ist innerhalb eines Monats nach Fälligkeit nicht die gesamte Reichsfluchtsteuer nebst Zuschlägen entrichtet, so wird

1. gegen Sie das Strafverfahren gemäß § 9 des Reichsfluchtsteuergesetzes eingeleitet,
2. gegen Sie ein Steuersteckbrief erlassen und Ihr inländisches Vermögen mit Beschlag belegt. Der Steuersteckbrief und die Vermögensbeschlagnahme werden auf Ihre Kosten im Reichsanzeiger bekanntgemacht.

Werden Sie nach der Bekanntgabe Ihres Namens im Reichsanzeiger im Inland betroffen, so ist jeder Beamte des Polizei- und Sicherheitsdienstes, des Steuerfahndungsdienstes und des Zollfahndungsdienstes sowie jeder andere Beamte der Reichsfinanzverwaltung, der zum Hilfsbeamten der Staatsanwaltschaft bestellt ist, verpflichtet, Sie vorläufig festzunehmen.

Reichsfluchtsteuerbescheid, 1938
Alexander Zemlinsky-Fonds bei der Gesellschaft der Musikfreunde Wien, Nachlass Louise Zemlinsky (A-Wgm)

Steuerliche Unbedenklichkeitsbescheinigung, Wien 5. 9. 1938
Alexander Zemlinsky-Fonds bei der Gesellschaft der Musikfreunde Wien, Nachlass Louise Zemlinsky (A-Wgm)

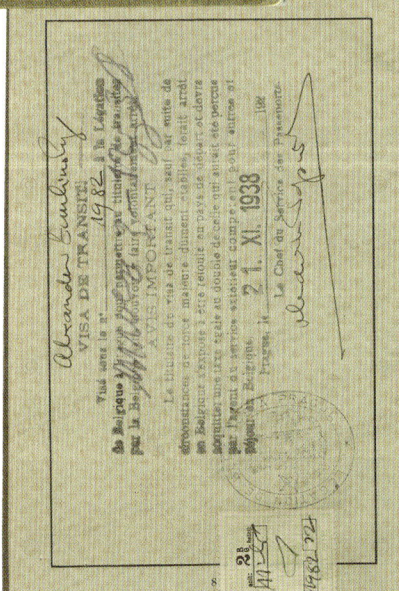

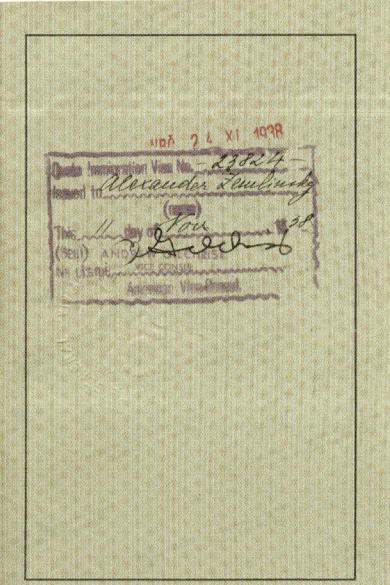

Alien Registration Receipt Card von Alexander Zemlinsky
Alexander Zemlinsky-Fonds bei der Gesellschaft der Musikfreunde Wien, Nachlass Louise Zemlinsky (A-Wgm)

Seiten aus dem Reisepass von Alexander Zemlinsky
Alexander Zemlinsky-Fonds bei der Gesellschaft der Musikfreunde Wien, Nachlass Louise Zemlinsky (A-Wgm)

Holland-America Line, SS Statendam,
Poster um 1930
WorldPhotos / Alamy Stock Photo

Katja Kaiser

FLUCHT ÜBER DEN ATLANTIK

SS Aquitania, SS Berengaria, SS Champlain, SS Conte di Savoia, SS Excalibur, SS Exeter, SS Hamburg, SS Ile de France, SS Majestic, SS Manhattan, SS Nea Hellas, SS Nieuw Amsterdam, SS Saint Louis, SS Statendam, SS Normandie, SS Rotterdam, SS Volendam, SS Vulcania sind nur einige Namen von Dampfschiffen, die im Linienverkehr auf der Transatlantikroute zwischen Europa und Amerika im Einsatz waren und ab 1933 nach der Machtergreifung Adolf Hitlers in Deutschland Hunderttausenden die Flucht aus der europäischen Heimat vor Erniedrigung, Verfolgung und Ermordung ermöglichten. Um an einen der Häfen in Frankreich, Großbritannien, Italien oder Portugal zu gelangen, musste oft eine nervenaufreibende, kräfteraubende Anreise überstanden werden. So überquerten zum Beispiel Franz Werfel und seine Frau Alma Mahler-Werfel zusammen mit Golo Mann, dessen Onkel Heinrich Mann sowie Nelly Mann die Pyrenäen zu Fuß, um sich über Spanien bis zum rettenden Dampfer *SS Nea Hellas* ab Lissabon Anfang Oktober 1940 durchzukämpfen. Mit Hilfe des Amerikaners Varian Fry und der finanziellen Unterstützung wohlhabender intellektueller Emigranten wie Thomas Mann, die bereits die USA erreicht hatten, konnten Ausreise-, Durchreise-, Einreisevisa, Schiffstickets und Affidavits – jene Dokumente, die eine Bürgschaft für Einreisende bestätigten – organisiert werden. Die Schriftsteller Alfred Polgar und Friedrich Torberg, die Komponisten Robert Stolz und Hermann Leopoldi, der Schauspieler und Kabarettist Karl Farkas, die Schriftstellerin Anna Seghers, der Drehbuchautor, Filmregisseur und Filmproduzent Billy Wilder wurden - wie auch die Werfels - durch das Emergency Rescue Committee (ERC) gerettet. Ohne diese Hilfe riskierte der Dramatiker Jura Soyfer die Flucht von Wien nach Vorarlberg und weiter auf Skiern über die Alpen in die Schweiz. Am 13. März 1938 wurde er jedoch festgenommen und in das Konzentrationslager Dachau deportiert, wo er mit dem Komponisten Herbert Zipper das später bekannt gewordene *Dachau-Lied* schrieb. Soyfer starb ein Jahr später an Typhus im KZ Buchenwald.

Holland America Line Poster, 1930
WorldPhotos / Alamy Stock Photo

Jukebox aus den 1950er/60er Jahren, die als dekoratives Zeitdokument und Exponat der Ausstellung Werke von Alexander Zemlinsky, Arnold Schönberg und Richard Hoffmann abspielt.
Leihgeber: Postl AV – AUDIO | VIDEO | CONTROL, Firma Patrick Postl | Fotos © Iby-Jolande Varga

KULTURELLES ERBE, DAS EUROPA VERLOREN GING

Das NS-Regime verhängte ein Aufführungsverbot der Werke jüdischer Komponist:innen. Sie wurden verfemt, verdrängt, verboten, aus Europa vertrieben, deportiert und ermordet. Doch auch Nichtjuden und Nichtjüdinnen traf die Ächtung der Nationalsozialisten: der freitonal komponierende Paul Hindemith durfte nicht mehr gespielt und gehört werden, der mit der Invektive einer „jüdisch-negerischen" Musik in Zusammenhang gebrachte Ernst Krenek ebenso wenig. Verpönt wurden die Songs der „Vaterlandsverräterin" Marlene Dietrich. Die Verfemung und Ausgrenzung der – im Jargon der Nazis – „Musikjuden" und ihrer Werke erfolgte ‚legal' auf der Basis von Gesetzen, Erlassen und Verordnungen. Bereits im April 1933 wurde das Gesetz über die Wiederherstellung des Berufsbeamtentums erlassen. Damit wurden alle sogenannten Nichtarier vom Staatsdienst ausgeschlossen und jüdische Professor:innen an den Musikhochschulen, jüdische Generalmusikdirektoren, Intendanten, Dirigenten, Dramaturgen und ihre jüdischen Mitarbeiter:innen an den Theatern und Opernhäusern entlassen. Jüdische Musiker:innen in den Staats- und Landesorchestern verloren umgehend ihre Stellen. Die Flut der einschränkenden, schikanösen, später auch tödlichen Gesetze und Verordnungen wurde unter dem Begriff „Das Sonderrecht für Juden im NS-Staat" gesammelt und füllte mehrere dickleibige Bände. 1938 erreichten die dt. Rassisten ihr perfides Ziel: Juden waren aus dem Musikleben verdrängt, sie durften vor „arischem" Publikum nicht mehr auftreten, die Aufführung der Musik jüdischer Komponist:innen war verboten. Juden durften öffentliche Konzerte als Zuhörer:innen nicht länger besuchen. Die deutschen Nationalsozialisten beendeten nach ihrer Machtübernahme 1933 die Vielfalt in der deutschen Musik. Musik wurde zur Rassenfrage.

GERMANY LOSES, AMERICA GAINS: Zeitungsartikel aus *The New York Evening Journal*, 1. November 1933
Arnold Schönberg Center Privatstiftung, Wien (A-Was)

EXILWERKE

Sich durch ihre Kunst ausdrücken zu können, verhilft vielen Kulturschaffenden die durch die Flucht bedingten Erlebnisse zu verarbeiten. Arnold Schönberg schrieb 1947 das Werk *Ein Überlebender aus Warschau (A Survivor from Warsaw op.46)*, das die unmenschlichen Zustände der jüdischen Gefangenen und die Brutalität der SS-Schergen mittels der Darstellung eines Ich-Erzählers – in Erinnerung an den Warschauer Ghetto-Aufstand 1943 – thematisiert. Den Abschluss bildet das vom Chor unisono gesungene Glaubensbekenntnis *Schma Jisrael*. Im Jahr 1942 hatte Schönberg bereits in seiner *Ode to Napoleon* op.41 die Hasstirade Lord Byrons gegen Napoleon Bonaparte von 1814 zu einer Anklage an Adolf Hitler umgedeutet. Auch Erich Wolfgang Korngold komponierte abseits der Filmmusik den *Passover Psalm* op. 30 für Sopran, gemischten Chor, Orgel und Orchester nach hebräischen Texten, den er im Elks Temple im April 1941 selbst dirigierte. Erich Zeisl vertonte 1945 den 92. Psalm mit seinem *Requiem Ebraico* in hebräischer Sprache und widmete es seinem im Holocaust ermordeten Vater sowie allen anderen zahllosen Opfern des Nazi-Terrors. Max Steiner war bereits in den 1920er Jahren in die USA gekommen, hatte seinen Vater im September 1938 unter dramatischen Umständen aus Wien geholt und diesen Kontext durch seine Beteiligung an dem Film *Confessions of a Nazi Spy* aus dem Jahr 1939 umgesetzt. Um seine Verwandten nicht zu gefährden, wollte er nicht, dass sein Name im Vorspann erwähnt würde. Auch Hanns Eisler hat durch sein Mitwirken an dem Film *Hangmen Also Die* gemeinsam mit dem Textdichter Bertolt Brecht und dem Regisseur Fritz Lang 1942 seine politischen Argumente ausgedrückt.

WAS HAT DIE FLUCHT MIT DEN MENSCHEN GEMACHT?

Erniedrigung, Demütigung, Ungerechtigkeit, Bedrohung, Lebensgefahr, Todesangst, Verlust von Menschen und Geschaffenem üben bei vielen Flüchtlingen – ob damals, heute oder in Zukunft – enormen Druck aus. Viele Persönlichkeiten zerbrechen daran und können durch die erzwungene Entwurzelung nicht mehr zur Ruhe kommen bzw. sich künstlerisch betätigen oder entwickeln. Alexander Zemlinsky komponierte aufgrund seines schlechten gesundheitlichen und mentalen Zustands kaum noch im Exil, Erich Zeisl widerfuhr im Exil eine Schaffenskrise, da der ersehnte Erfolg in Hollywood ausblieb, auch Walter Bricht komponierte den Großteil seines Oeuvres vor seiner Flucht aus Wien 1939. Nach den Ereignissen des Krieges und tief betroffen durch den Tod von Freunden und Familie wurde der Operettenkomponist Josef Beer verschlossen; er komponierte kaum noch. Andererseits folgten viele, die die Flucht in die USA geschafft hatten, dem Ruf nach Hollywood, wo sich für manche die Gelegenheit bot, Fuß zu fassen – mehr noch: große Karriere zu machen. Erich Wolfgang Korngold, Miklós Rózsa, Franz Waxman, Friedrich Hollaender, Walter Jurmann, Hanns Eisler und Billy Wilder gingen erfolgreich diesen Weg.

IMMIGRATION WELTWEIT – FLÜCHTLINGE UND LEBENSRETTER

Neben den Vereinigten Staaten von Amerika, in die der Großteil jüdischer Verfolgter aus Mitteleuropa während des Nazi-Regimes auswanderte, gab es auch Flüchtlingsbewegungen in die Schweiz, auf die Iberische Halbinsel, nach Großbritannien, Palästina, Asien, Südamerika, Australien und Neuseeland, wohin die Familie von Richard Hoffmann 1935 auswanderte. Auch Hoffmanns erster Lehrer, der Dirigent Georg Tintner folgte nach Neuseeland. Die Einreise nach Mexiko und anderen Staaten am südamerikanischen Kontinent diente Hanns Eisler und vielen anderen, die auf ein amerikanisches Visum warteten, meist nur als vorübergehender Notbehelf. Mexiko war deshalb in vielen Fällen erste Anlaufstation über dem Atlantik, weil der mexikanische Generalkonsul in Frankreich, Gilberto Bosques, 40.000 Flüchtlingen das Leben rettete, indem er Visa für sein Heimatland ausstellte. Manche konnten dort aber auch Fuß fassen wie die Schriftstellerin Anna Seghers und die Schauspielerin und Theaterregisseurin Steffi Spira. Bosques wie auch Chinas Generalkonsul in Wien, Feng Shan Ho, nahmen mit Oskar Schindler vergleichbare Rollen ein: auch Feng Shan Ho widersetzte sich den Befehlen seiner Vorgesetzten und stellte tausenden Juden Visa für Shanghai aus, um sie vor der Ermordung durch die Nazis zu bewahren. Der Architekt des Hauses von Alexander und Louise Zemlinsky in Wien, Walter Loos, emigrierte nach Argentinien und spezialisierte sich im Exil auf Designermöbel; der künstlerisch vielseitig begabte Paul Walter Jacobs gründete in Buenos Aires die *Freie Deutsche Bühne*, die Dirigenten Fritz Busch, Erich Kleiber und der Regisseur Josef Gielen und später dessen Sohn Michael Gielen fanden am Teatro Colón Arbeit; der Hindemith-Schüler Wilhelm Graetzer gründete in Buenos Aires das bis heute existierende Collegium Musicum; der Schriftsteller Stefan Zweig unterstützte bis zu seinem Freitod 1942 von seinem permanenten Wohnsitz in Brasilien aus das Emergency Rescue Committee (ERC), um Menschen in ähnlicher Situation zur Flucht aus Europa zu verhelfen; der Dirigent Hans Wilhelm Steinberg sowie der Geiger Bronislaw Huberman wanderten vorübergehend nach Palästina aus, wo sie gemeinsam das heutige *Israel Philharmonic Orchestra* gründeten.

Dampfschiff SS Ile de France, auf dem
Arnold Schönberg mit seiner Familie
1933 in die USA immigrierte
Arnold Schönberg Center Privatstiftung, Wien (A-Was)

Postkarte der SS Ile de France,
Schiffsdeck, 1. Klasse
Arnold Schönberg Center Privatstiftung, Wien (A-Was)

Eike Feß

ARNOLD SCHÖNBERG ALS SCHÜLER UND LEHRER

DER SCHÜLER

Arnold Schönbergs Familie stammte aus den ungarischen und tschechischen Kronländern des Habsburgerreichs. Seine jüdischen Vorfahren zogen Mitte des 19. Jahrhunderts in die Wiener Leopoldstadt, dem aus dem ehemaligen Ghetto herausgewachsenen 2. Gemeindebezirk. Schönberg erinnert sich, dass seine Eltern in keiner Weise „künstlerisch tätig" und "sicher nicht mehr als ‚durchschnittlich musikalisch'" waren.[1] Nach allenfalls rudimentärem Instrumentalunterricht suchte er die Musik seiner Umgebung zu imitieren und weiterzuentwickeln: „Als noch nicht neunjähriges Kind hatte ich angefangen, kleine und später größere Stücke für zwei Violinen in Nachahmung solcher Musik zu komponieren, die ich mit meinem Lehrer oder einem Cousin zu spielen pflegte. Als ich Violinduos von Viotti, Pleyel und anderen zu spielen vermochte, ahmte ich ihren Stil nach."[2] Hinzu kamen Eindrücke als Zaungast von Kaffeehausorchestern und Militärkapellen im Wiener Augarten und Prater mit ihrem Repertoire an zeitgenössischer populärer Musik.

Bei diesen Gelegenheiten konnte der junge Komponist gelegentlich auch Bekanntschaft mit der ein oder anderen Beethoven-Ouvertüre oder Ausschnitten aus Opern Richard Wagners machen.[3] Die großen Konzerthäuser waren ihm angesichts seines sozialen Status nicht zugänglich. Ein Bewusstsein für die Existenz eines Kanons klassischer Werke dürfte sich erst allmählich entwickelt haben, durch den Schulunterricht oder das Gespräch mit Verwandten und Freunden. Vielleicht las Schönberg biographische Artikel zu den großen Meistern in *Meyers Konversations-Lexikon*, dessen vierte Auflage die Eltern abonniert hatten.[4] Als er fünfzehn war, erschien der Band mit dem „lang ersehnten Buchstabe ‚S'", in dem unter dem Stichwort „Sonate" nachzulesen war, „wie der erste Satz eines Streichquartetts konstruiert sein sollte."[5] Die knappe Darstellung der Sonatensatzform war jedoch kaum hinreichend, eine Vorstellung der musikalischen Wirklichkeit des klassischen Repertoires zu erhalten. Wiederum zwei Jahre älter, kaufte sich Schönberg „[...] von dem Geld,

---

1 Arnold Schönberg an Leopold Moll, 28. November 1931, https://repo.schoenberg.at/urn:nbn:at:at-asc-B021262. Die Korrespondenz Arnold Schönbergs wird hier wie auch folgend über die Persistent Identifier der Briefdatenbank des Arnold Schönberg Center angegeben.

2 Arnold Schönberg, „Bemerkungen zu den vier Streichquartetten", in: Ivan Vojtech (Hrsg.), *Stil und Gedanke*, Frankfurt am Main 1976, S. 409–436 (Gesammelte Schriften 1).

3 Vgl. die Repertoireliste in Christian Glanz, „Anmerkungen zur populären Konzertkultur in Wien in den 1890er Jahren", in: Christian Meyer (Hrsg.), *Der junge Schönberg in Wien: Bericht zum Symposium, 4.–6. Oktober 2007*, Wien 2015, S. 174 f. (Journal of the Arnold Schönberg Center 10/2015).

4 Arnold Schönberg Center, Wien (Book M45), Band 15, Sodbrennen – Uralit, Leipzig 1889, Art. Sonate, S. 25 f.

5 Schönberg, „Bemerkungen", wie Anm. 2, S. 410.

das ich mit Deutschunterricht für einen Griechen verdient hatte, antiquarisch ein paar Partituren von Beethoven: die Dritte und Vierte Symphonie, zwei Rasumowsky-Streichquartette und die Große Fuge für Streichquartett op. 133. Von diesem Augenblick an war ich von einem Drang besessen, Streichquartette zu schreiben."[6]

Für die Aspirationen des jungen Komponisten ist bezeichnend, dass er mit Beethovens mittleren und späten Quartetten einen Gipfelpunkt jener Gattung zum Vorbild wählte, die seit jeher als Ausweis höchster Satzkunst galt – ohne je eine reguläre Ausbildung auf diesem Gebiet erhalten zu haben. Etwa zur Zeit des Antiquariatsbesuchs lernte Schönberg über einen Schulfreund den ein Jahr jüngeren, passionierten Musiker Oskar Adler kennen, der ihm beibrachte, „daß es so etwas wie eine musikalische Theorie überhaupt gibt. Er leitete nach ihren Gesetzen meine ersten Versuche".[7] Darüber hinaus stand Adler als kenntnisreicher Musizierpartner zur Verfügung und ermöglichte Schönberg, seine Kenntnisse durch eine rege Spielpraxis zu erweitern. Das überlieferte Fragment einer Polka könnte angesichts der routiniert wirkenden Notenschrift aus dieser Zeit stammen, wobei das Genre eine Orientierung am populären Stil verrät (s. Seite 60).

Entscheidend wurde schließlich die Begegnung mit Alexander Zemlinsky – „derjenige, dem ich fast all mein Wissen um die Technik und die Probleme des Komponierens verdanke."[8] Drei Jahre älter als Schönberg, war er ihm in musikalischer Hinsicht weit voraus. Als Kompositionsstudent am Konservatorium der Gesellschaft der Musikfreunde in Wien genoss er eine fundierte Ausbildung und brachte Schönberg u. a. die Grundlagen des kontrapunktischen Satzes nahe. Darüber hinaus war Zemlinsky zuverlässiger Berater in allen musikalischen Fragen, was sich vor allem in der Genese des Streichquartett D-Dur von 1897 (s. Seite 61) niederschlug, das erst in stetigem Gespräch mit Zemlinsky, nach zahlreichen Überarbeitungen zur Aufführungsreife gebracht wurde.[9] Schönbergs zunehmend souveräne Beherrschung der Form ist unverkennbar. Neben den Wiener Klassikern zeigt sich der Einfluss von Johannes Brahms und eines weiteren aktuellen Komponisten: Das auffahrende Thema der Eröffnung erinnert an den Anfang des 1894 uraufgeführten „Amerikanischen Quartett" op. 96 von Antonín Dvořák. Das junge Fitzner Quartett spielte die Uraufführung von Schönbergs Stück am 28. Dezember 1898 im Wiener Bösendorfer Saal. Wenngleich die *Neue Freie Presse* erkannte, *„daß man es in seinem Autor mit einem wahrhaften Talente zu thun habe, das da sein erstes bedeutsames Wort gesprochen"*, sparte der Rezensent nicht mit Kritik: *„Im ersten Allegro sind bei aller Frische, mit welcher der Componist ins Zeug geht, etliche schwächere Stellen mit unterlaufen, das Finale hat etwas Bummeliges, einen Stich ins Griensteidl-Literarische."*[10] Die Assoziation war ein vielleicht unbewusster Treffer: Das Café im Palais Herberstein am Michaelerplatz war Treffpunkt eines Kreises Jung-Wiener Schriftsteller um den Autor und Kritiker

---

6 Ebd., S. 409.
7 Arnold Schönberg, „Rückblick", in: *Stil und Gedanke*, wie Anm. 2, S. 397.
8 Ebd.
9 Vgl. Therese Muxeneder, „Arnold Schönbergs Jugendkreise", in: Eike Feß – Therese Muxeneder (Hrsg.), *Journal of the Arnold Schönberg Center* 12/2015, Wien 2015, S. 264–335.
10 R., „Concerte", in: *Neue freie Presse* 12335 (24. Dezember 1898), S. 3.

Juli-Käfer Polka, I. Violine
Arnold Schönberg Center Privatstiftung, Wien (A-Was)

Streichquartett D-Dur
Library of Congress, Washington D.C. (US-Wc), Music Division

Hermann Bahr, dessen legendärer Ruf sich über die Demolierung des Gebäudes hinweg erhielt. Zur erweiterten Runde gehörten auch Schönberg und Zemlinsky, die in der Presse mitunter der „Jung-Wiener Tonkunst" zugeschrieben wurden.[11] Schönberg bewahrte das Manuskript bis zu seinem Lebensende auf, ohne das Quartett in seinen Werkkatalog aufzunehmen. In den kommenden Jahren entstanden Lieder, kleinere Kammermusikwerke, aber auch diverse Orchesterstücke, die vielfach Fragment blieben. Die Widmung seines Opus 1 Zwei Gesänge für eine Baritonstimme und Klavier Nr. 1 „Dank" und Nr. 2 „Abschied" – „Meinem Lehrer und Freunde Alexander von Zemlinsky" – mag als offizieller Abschluss der Ausbildungszeit gelten und den Beginn von Schönbergs Weg als Komponist markieren.

DER LEHRER – LEBENSSTATIONEN

Als Schönbergs erste Schülerin gilt Vilma von Webenau. Ihre Lehrzeit datierte sie selbst um 1900, also die Kompositionsphase von Verklärte Nacht op. 4 und der ersten publizierten Lieder Schönbergs. Kaum ein halbes Jahr älter als seine Schülerin, verfügte er zweifellos über das nötige Rüstzeug, um „Harmonielehre, Kontrapunkt und Kompositionslehre"[12] zu unterrichten. Beide hielten noch lange Zeit Kontakt – bis in die 1930er Jahre aktualisierte Schönberg Webenaus Anschrift in seinen Adressbüchern.[13]

Institutionelle Bindungen ging Schönberg zu Anfang des Jahrhunderts nur auf kurze Zeit ein. Erstmals unterrichtete er im Schuljahr 1902/03 nach Fürsprache Richard Strauss' am Stern'schen Konservatorium in Berlin, einer privaten Hochschule, die im Gegensatz zu den staatlichen Institutionen der Moderne gegenüber aufgeschlossen war. Im Herbst 1904 hielt er in den Räumen des Lyzeums von Eugenie Schwarzwald Vorlesungen über Formenlehre und Instrumentation. Schwarzwald war Pionierin der Mädchenbildung in Österreich. In ihrer Einrichtung konnten durch ein gesichertes Finanzierungssystem auch Kinder aus weniger begüterten Familien eine Ausbildung erhalten. Darüber hinaus integrierte sie zeitgenössische kulturelle Strömungen in ihr Konzept. Während Oskar Kokoschka als Zeichenlehrer das offizielle Curriculum mitgestaltete, konnten die Musikwissenschaftlerin Elsa Bienenfeld, Alexander Zemlinsky und Arnold Schönberg nachmittags freie Klassenräume zum Unterrichten nutzen. Das Angebot richtete sich laut Zeitungsanzeige an „Musiker von Beruf und ernsthafte Dilletanten"[14] und demonstrierte damit ein frühes Interesse, musikalische Bildung nicht nur an Experten zu vermitteln.

---

11 Vgl. ausführlich zum Thema Therese Muxeneder, Arnold Schönberg & Jung-Wien, Wien 2018.
12 Eintrag Webenaus im Album „Dem Lehrer Arnold Schönberg" (1924) (ASCI [=Arnold Schönberg Center Image] PH3923).
13 Der aktuellste Adresseintrag in Schönbergs Notizbüchern lautet auf Rochusgasse 10, Wien (ASCI A3928).
14 Zitiert nach Sointu Scharenberg, Überwinden der Prinzipien. Betrachtungen zu Arnold Schönbergs unkonventioneller Lehrtätigkeit zwischen 1898 und 1951, Saarbrücken 2002, S. 128.

Wenngleich die Kurse bald mangels Zuspruchs eingestellt wurden, konnte Schönberg seinen Ruf als Kompositionslehrer festigen. 1904 wurde Heinrich Jalowetz sein Schüler, der nach der Emigration in die USA 1939 als bedeutender Pädagoge am reformatorischen Black Mountain College wirkte. Im selben Jahr kamen Anton Webern und Alban Berg hinzu. Schönberg erkannte in dem damals 19jährigen Berg „ein außerordentliches Kompositionstalent", wenngleich unfähig, „was anderes als Lieder zu komponieren. [...] Einen Instrumentalsatz zu schreiben, ein Instrumentalthema zu erfinden war ihm absolut unmöglich."[15] Abgesehen von einer fundierten Ausbildung in Kontrapunkt, Harmonie- und Kompositionslehre[16] suchte der Lehrer zu „erkennen, wo das Problem steckt"[17] und seinen Schüler dessen Bedürfnissen gemäß zu fördern.

Der Privatunterricht bedeutete für Schönberg wirtschaftliche Unsicherheit, zumal er aus Verlagshonoraren und Tantiemen kaum ein wirtschaftliches Auskommen finden konnte. 1910 suchte er um eine Stelle an der k. k. Akademie für Musik und darstellende Künste in Wien an und war bereit, zunächst als Privatdozent auf Basis eines durch Studierende zu zahlenden Salärs zu unterrichten. Angesichts von Schönbergs Ruf als bilderstürmender Avantgardist holte die Akademie Gutachten ein. Der ehemalige Hofopernzdirektor Gustav Mahler legte nachdrückliche Fürsprache ein: „Er gehört zu jenen, unbedingt Opposition, aber ebenso Anregung und Bewegung erweckenden Feuerköpfen, die seit jeher befruchtend und fördernd auf die Geister gewirkt haben. Und besonders wenn wie im vorliegenden Falle eine so eminente didaktische Begabung hinzutrete, sollte jede Verwaltung eines Konservatoriums zugreifen." Wohlwollend zeigte sich auch der 80jährige Karl Goldmark, einst selbst als Vertreter einer Avantgarde des 19. Jahrhunderts wahrgenommen: „Reine, vornehme, künstlerische Gesinnung halte ich für ein wesentliches Moment in künstlerischer Erziehung und diese dürfte wohl kaum jemand Herrn A. Schönberg absprechen. Und zur äußersten Sicherheit ist ja auch die (unmerkliche) Kontrolle des Direktors da. Also keinerlei Gefahr."[18] Nachdem Schönberg zwei Semester als Privatdozent gelehrt hatte, zeigte sich die Akademie unter der progressiven Leitung durch Karl Wiener und Wilhelm Bopp bereit, in Verhandlungen über eine Professur einzutreten. Die Initiative rief 1912 harsche Reaktionen in der konservativen Presse hervor. Den „Judenstämmlingen" Wiener und Bopp wurde vorgeworfen, „Arnold Schönberg, [...] Anarchist unter den Komponisten, selbstverständlich Jude" aus bloßer Protektion eine Anstellung verschaffen zu wollen.[19] Der mittlerweile in Berlin lebende Schönberg – eigentlich bereits 1898 zum Protestantismus übergetreten – sandte Karl Wiener am 29. Juni 1912 eine höfliche Absage, die er

---

15 Arnold Schönberg an Emil Hertzka, 5. Januar 1920, https://repo.schoenberg.at/urn:nbn:at:at-asc-B001290.

16 Zu Bergs Unterricht bei Arnold Schönberg vgl. Ulrich Krämer, *Alban Berg als Schüler Arnold Schönbergs. Quellenstudien und Analysen zum Frühwerk*, Wien 1996 (Alban Berg Studien 4).

17 Arnold Schönberg an Emil Hertzka, wie Anm. 15.

18 Gustav Mahler, „Ferdinand Loewe und Karl Goldmark urteilen über Arnold Schönberg. Unveröffentlichte Briefe an den Präsidenten Wiener aus dem Jahre 1910 anlässlich der bevorstehenden Berufung Schönbergs an die Wiener Musikakademie", in: *Neues Wiener Journal* (16. Juni 1932).

19 Zitiert nach Zeitungsberichten im Juni 1912, ausführlich wiedergegeben und kontextualisiert bei Therese Muxeneder, „Arnold Schönbergs Konfrontationen mit Antisemitismus (II)", in Eike Feß – Therese Muxeneder (Hrsg.), *Journal of the Arnold Schönberg Center 15/2018*, Wien 2018, S. 149 f.

einerseits auf das verschulte Lehrdeputat zurückführte; andererseits schloss er eine Rückkehr nach Wien zum gegebenen Zeitpunkt aus: „Ich habe noch nicht verschmerzt, was man mir dort angetan hat, ich bin noch nicht ausgesöhnt. Und ich weiss ich hielte es nicht zwei Jahre aus. Ich weiss ich hätte in kürzester Zeit dieselben Kämpfe vor mir, denen ich entgehen wollte. Nicht weil ich den Kampf fürchte. Sondern, weil ich seinen Ausgang hasse, den Ausgang, den jede Bewegung in Wien hat: die Verflachung!"[20]

Noch in den letzten Monaten des Ersten Weltkriegs begann Schönberg wieder an der Schule von Eugenie Schwarzwald zu unterrichten. Von 1917 bis 1919 bot er ein „Seminar für Komposition" an, das sich ausdrücklich an „Berufsmusiker, Dilettanten und Kunstfreunde, Anfänger und Vorgeschrittene" richtete, die wahlweise als „Hörer oder Schüler" teilnehmen konnten.[21] Die Kurse vermittelten Kenntnisse in den klassischen musiktheoretischen Fächern Harmonielehre, Kontrapunkt, Formenlehre, Instrumentation und Analyse und sollten ein größeres Publikum für kompositorische Gestaltungsfragen sensibilisieren. Durch die im Nachlass erhaltenen Anmeldebögen kann die Zusammensetzung der Kurse weitgehend rekonstruiert werden. Unter den Teilnehmer:innen befanden sich u. a. die späteren Bauhaus-Student:innen Friedl Dicker, Anny Wottiz und Viktor Schlichter; die Sängerin Lisette Seybert, die im amerikanischen Exil unter dem Namen Lisette Model eine berühmte Fotografin werden sollte (s. Seite 65); der Pianist Ernst Bachrich oder der Komponist Viktor Ullman – beide wurden später in den nationalsozialistischen Konzentrationslagern ermordet. Einige Student:innen, unter ihnen Max Deutsch, Erwin Ratz, Josef Trauneck und Olga Novakovic, sollten Schönberg auch nach seinem Umzug nach Mödling treu bleiben, wo er sich 1918 aus Kostengründen niederließ. Musiker, die später internationale Bedeutung erlangten wie die Komponisten Roberto Gerhard und Hanns Eisler oder der Dirigent Hans Swarowsky nahmen den Weg in die Kleinstadt in der Nähe von Wien auf sich, die eine Zeitlang Zentrum für Schönbergs Lehrtätigkeit war.

Nach 1920 fand Schönberg in der musikalischen Öffentlichkeit zunehmend Anerkennung. Die 1911 erstmals publizierte *Harmonielehre* erschien 1922 in einer bearbeiteten Neuauflage, welche seine profunde Vertrautheit mit traditioneller Satztechnik erneut unter Beweis stellte. Spektakuläre Aufführungen der 1900 begonnenen Gurre-Lieder bezeugten auch einem zweifelnden Publikum Schönbergs Originalität wie auch die meisterhafte Beherrschung einer hörbar im vergangenen Jahrhundert wurzelnden kompositorischen Sprache. Der in vielen frühen Kritiken auftretende Vorwurf der Scharlatanerie verstummte und machte – mitunter widerstrebender – Anerkennung Platz. Schönbergs Ansehen als Lehrer mag ein Übriges zu seinem Renommée beigetragen haben. Dennoch bedurfte es einer Persönlichkeit wie Leo Kestenberg, Pianist, Musikpädagoge und seit 1920 Referent für musikalische Angelegenheiten im Preußischen Ministerium für Wissenschaft, Kultur und Bildung, um Schönbergs Verankerung an einer staatlichen Institution durchzusetzen. Im Herbst 1925 erhielt Schönberg als Nachfolger des verstorbenen Ferruccio Busoni eine Professur als Vorsteher einer Meisterklasse an der Preußischen Akademie der Künste in Berlin. Deutsche, österreichische, englische, finnische, spanische, griechische, russische und amerikanische Schüler:innen unterstreichen die

---

20   https://repo.schoenberg.at/urn:nbn:at:at-asc-B002679.

21   Anmeldebogen *Seminar für Komposition* (Arnold Schönberg Center, Wien [ASCI TM3795]).

An das
Seminar für Komposition
Wien, I. Wallnerstraße 9
Schwarzwald'sche Schulen.

Ich wünsche an den Kursen im Seminar für Komposition als

Hörer* — Schüler**

des Hauptgegenstandes: *Harmonielehre I*

und der Nebengegenstände: *Analyse I*

teilzunehmen.

Ich erkläre nach aufrichtiger Selbsteinschätzung, daß der Betrag von

Kr. —, Kronen (in Worten): —

das Höchste ist, was ich nach meinen Verhältnissen für ein Kursjahr leisten kann und verpflichte mich, falls der betreffende Kurs zustande kommt, diesen Betrag pünktlich zum festgesetzten Termin zu bezahlen. Die umstehend genannten Bedingungen habe ich zur Kenntnis genommen und bin mit ihnen einverstanden.

Wien, am 3/X 19 18   Unterschrift: *Lisette Seybert*

Minderjährige haben die Unterschrift ihrer Eltern, Vormünder u.s.w. beizubringen.

Name: *Für Dr. Victor Seybert — F. Seybert*

Stand: *Privatier*   Adresse: *VIII Josefsgasse 9*

Oktober	Jänner	April
November	Februar	Mai
Dezember	März	Juni

* Das Nichtzutreffende durchstreichen.
** Als Schüler gelten nur solche, die sich am Schlusse des Kursjahres einer Prüfung (deren Erfolg ihnen auf diesem Blatt bestätigt wird) unterziehen.

Anmeldebogen Lisette Seybert
Arnold Schönberg Center Privatstiftung, Wien (A-Was)

Schönbergs Meisterklasse an der Akademie der Künste.
Von links nach rechts: Adolph Weiss, Walter Goehr, Walter Gronostay, Winfried Zillig, Arnold Schönberg, Erich Schmid, Josef Rufer, Josef Zmigrod
Arnold Schönberg Center Privatstiftung, Wien (A-Was)

internationale Anziehungskraft, welche die Institution auch durch die Anstellung Schönbergs gewonnen hatte. Roberto Gerhard, der ihm nach Berlin folgte, verdanken wir eine Fotografie von Schönbergs Klasse des Jahres 1926 (s. Seite 66). Ganz links steht Adolph Weiss, der nach Rückkehr in die Vereinigten Staaten das erste nach den Prinzipien der Zwölftonmethode geschaffene Werk eines in den USA geborenen Komponisten an die Öffentlichkeit brachte. Seine *Six Preludes for Piano* erschienen in der von Henry Cowell betreuten Reihe *New Music Quarterly* (April 1929), für die Schönberg als Schwesterwerk seines für die Univeral Edition Wien komponierten Klavierstücks op. 33a ein Opus 33b verfasste. Angeregt durch Weiss erschien das *Klavierstueck* in der Ausgabe vom April 1932.

Mit dem Zusammenbruch der Weimarer Republik und der Ernennung Adolf Hitlers zum Reichskanzler am 30. Januar 1933 fand diese ertragreiche Phase ein jähes Ende. Die Gleichschaltung aller Bereiche des Staatswesens durch die Nationalsozialisten ging mit der Verbannung jüdischer Menschen aus dem öffentlichen Leben einher. Während einer Sitzung des akademischen Senats und der Abteilung für Musik am 18. März wurde deutlich, dass Schönbergs Verbleib nicht mehr erwünscht war. Seine Replik erfolgte schriftlich zwei Tage später: „Stolz, und das Bewußtsein meiner Leistung hätten mich längst zu freiwilligem Rücktritt bewogen.

Denn: Wenn ich der Verlockung des schmeichelhaften Antrages an die Akademie folgte, so geschah dies, weil man mich bei meinem Ehrgeiz als Lehrer gepackt hatte und mir meine Verpflichtung, mein Wissen zu verbreiten, vorhielt; und weil ich wußte, was ich Schülern zu leisten imstande bin.

Das aber habe ich geleistet und mehr: wer mein Schüler war, hat den Ernst und die Sittlichkeit einer Kunstauffassung zu spüren bekommen, die ihm in allen Lebensverhältnissen, wenn er sie zu bewahren vermag, Ehre bereiten wird! [...]"[22]

Am 23. Mai erhielt Schönberg von dem konservativen, offen antisemitischen Präsidenten der Akademie, Max von Schillings, „mit sofortiger Wirkung" seine Beurlaubung.[23] Schönberg erwog verschiedene Möglichkeiten, sich in Europa eine neue Existenz aufzubauen, wobei eine Rückkehr nach Österreich aufgrund bedrückender Erfahrungen mit rassistischer Verfolgung kaum in Frage kam.[24] Die Entscheidung, Europa zu verlassen und in den Vereinigten Staaten ins Exil zu gehen, erfolgte vornehmlich aufgrund einer Einladung durch Joseph Malkin, ehemals 1. Cellist der Berliner Philharmoniker, der in Boston ein Konservatorium gründete und auch in der Alten Welt Lehrkräfte anwarb.

In Paris trat Schönberg noch im Juli 1933 unter der Zeugenschaft u. a. von Marc Chagall wieder der jüdischen Glaubensgemeinschaft bei. Er verbrachte einen letzten, entspannten Ferienaufenthalt in Arcachon an der französischen Riviera (s. Seite 68), bis er sich über Le Havre nach New York einschiffte. Die Ankunft der Familie am 31. Oktober erfolgte unter reger Anteilnahme der amerikanischen Presse. Schönberg wurde als „Enigma of Modern Music"[25] begrüßt und

---

22 https://repo.schoenberg.at/urn:nbn:at:at-asc-B023301.

23 https://repo.schoenberg.at/urn:nbn:at:at-asc-B151340.

24 Vgl. hierzu die Beiträge von Therese Muxeneder: „Arnold Schönbergs Konfrontationen mit Antisemitismus I–III", in: *Journal of the Arnold Schönberg Center* 14/2017–16/2019. Eike Feß – Therese Muxeneder (Hrsg.), Wien 2017, 2018 und 2019.

25 "The Enigma of Modern Music Arrives", in: *Musical America* (10. November 1933)

Arnold und Gertrud Schönberg mit Tochter Nuria
in Arcachon, 13. September 1933
Arnold Schönberg Center Privatstiftung, Wien (A-Was)

Aus dem Fotoalbum für Nuria Schönberg
Arnold Schönberg Center Privatstiftung, Wien (A-Was)

in Interviews als freundlicher und zugänglicher Zeitgenosse geschildert.²⁶ (s. Seite 69) Bereits am 6. November begann seine Tätigkeit am Malkin Conservatory. Der Komponist hatte erst im Alter von über 50 Jahren begonnen, Englisch zu lernen. Trotz erheblichen Fleißes und erstaunlich schneller Erfolge führten Sprachschwierigkeiten oft zu Missverständnissen. Seine damalige Schülerin Lovina Knight erinnert sich, wie ein kleines Chorwerk aus ihrer Feder in der Klasse zur Diskussion gestellt wurde. Schönberg fragte mehrfach mit Nachdruck, was „the special fault" der Komposition sei: „Not getting an answer to suit him, he asked again and again, finally turning to Weiss [Adolph Weiss] in desparation; what he had meant to say was not 'fault' but 'merit'"²⁷ Trotz solcher Unwägbarkeiten empfanden die Schüler:innen den Unterricht als gewinnbringend. Mitgebrachte Werke wurden zunächst in großer Runde besprochen, wobei ausschließlich Kritik an technischen Aspekten erlaubt war. Schönberg äußerte sich verständnisvoll, mit Respekt vor der künstlerischen Individualität der Teilnehmenden. Wie bereits in Wien und Berlin verwendete Schönberg, der nie ein Instrument virtuos zu beherrschen gelernt hatte, Beispiele der Klassiker, um auf vorbildliche Lösungen kompositorischer Probleme hinzuweisen: „He liked to interrupt the perusal of our original compositions for analyses of Brahms or Beethoven, and these excursions into the masters often took up most oft he lesson. A typical picture of Schoenberg's Boston class would show him on the piano stool, his knees crossed under the keyboard, picking out the notes of a Beethoven quartet with one finger and humming the thematic figures with a whispering monosyllable that sounded like 'peemp, peemp, peemp' while the class respectfully followed the score over his shoulder."²⁸ Manchmal führten die Wunder der amerikanischen Lebenswirklichkeit zu einer kurzzeitigen Ablenkung: „Several times, upon hearing a plane roar overhead, Schoenberg dropped what he was doing and hurried to the window [...]. Once in New York, however, an autogiro flew over. Hearing the throb of the propellor he jumped up as usual and made for the window. 'Ah, was ist dies für – schön ---' he said to himself, peering out. He described it to us as 'an aeroplane with a wheel', and asked what it was called."²⁹

Sorgen aus Europa kehrten auch in Amerika wieder: Aufgrund asthmatischer Beschwerden hatte Schönberg unter den kalten Berliner Wintern gelitten und seinen Lebensmittelpunkt für Monate nach Barcelona verlegt. Erschöpfung und Krankheit bestimmten auch die Zeit an der Ostküste, weshalb er sich nach einer Position in wärmeren Gefilden umsah. Im Spätsommer 1934 erholte Schönberg sich in Chautauqua, NY, USA, wo er privat unterrichtete und durch ortsansässige Kollegen auch wieder zum Komponieren angeregt wurde. Als erstes Werk in den USA entstand eine *Suite im alten Stile für Streichorchester*, die auch für Universitätsorchester spielbar sein sollte. Vollendet wurde das Stück im Dezember des Jahres 1934 in Los Angeles, wo der Komponist 1935 eine Gastprofessur für Komposition an der University of Southern

---

26 Vgl. hierzu ausführlich Therese Muxeneder, „Der Herr ist hier! Arnold Schönbergs Landungen in Amerika", in: Eike Feß – Therese Muxeneder (Hrsg.), *Journal of the Arnold Schönberg Center 14/2016*, Wien 2016, S. 89–98.

27 Lovina Knight, „Classes with Schoenberg. January through June 1934", in: *Journal of the Arnold Schoenberg Institute* 13/2 (1990), S. 161.

28 Ebd., S. 142.

29 Ebd., S. 156.

California übernahm. Ein Jahr später trat er seine Lebensstelle an der University of California, Los Angeles (UCLA) an, die es ihm ermöglichte, sich dauerhaft in Kalifornien niederzulassen. Angesichts seiner Lehrtätigkeit stellte sich jedoch bald Ernüchterung ein: Schönberg musste Kurse unterrichten, in denen Studierende aller College-Stufen, auch aus anderen Fachbereichen, Credits für Bachelor- und Master-Abschlüsse erwerben konnten.[30] Statt an dem heterogenen, mitunter unterdurchschnittlichen Bildungsgrad seiner Schüler:innen zu verzweifeln, entwickelte er allmählich ein umfassendes Lehrsystem, welches die Fächer Kontrapunkt, Harmonielehre, Formenlehre und Analyse umfasste. Das Studien- und Prüfungsprogramm ist durch zahlreiche Testbögen nachvollziehbar, die sich durch Schönbergs damaligen Assistenten Leonard Stein erhalten haben und von diesem zumeist auch korrigiert wurden. Eine letzte Durchsicht vor der Bewertung behielt Schönberg sich jedoch ebenso vor, wie die Ergänzung von Lob oder Tadel (s. Seite 72). Aus heutiger Sicht wertvollste Frucht der amerikanischen Zeit sind vier Bücher, die einen Bogen zu Schönbergs eigener Studienzeit schlagen und das autodidaktische Studium in durch Jahrzehnte währende Lehrerfahrung angereicherten Kompendien bündeln. Am originellsten ist vielleicht das noch zu Schönbergs Lebzeiten erschienene, gut 40 Seiten umfassende Heft *Models for Beginners in Composition*[31] – eigentlich eine Beispielsammlung neukomponierter Scherzi, Menuette und anderer kleiner Formen, die nicht den Anspruch auf eigenständige Kunstwerke erheben, sondern Schüler:innen zur Nachahmung und kreativen Weiterentwicklung anregen möchten. *Preliminary Exercises in Counterpoint*[32] ist dagegen als klassische Kontrapunktlehre zu verstehen und gibt die durch Alexander Zemlinsky empfangenen Lehren in zeitgemäßer Form weiter. Das Werk erschien postum, ebenso wie *Fundamentals of Musical Composition*,[33] eine Kompositionslehre mit hunderten von Beispielen, vornehmlich aus dem Schaffen Ludwig van Beethovens und der Wiener Klassiker. Eine Sonderstellung nimmt *Structural Functions of Harmony*[34] ein, dessen Textgenese Schönberg noch weitestgehend selbst überwachen konnte. Das Buch versteht sich als Ergänzung zur *Harmonielehre* und behandelt die Rolle von Akkordbeziehungen bei der Bildung musikalischer Zusammenhänge. Im Nachhall seiner Erfahrungen mit der Zwölftonmethode sucht Schönberg nach einer Logik des tonalen Komponierens, welche die Töne und ihre Verknüpfungsmöglichkeiten in den Mittelpunkt stellt.

1944 musste Schönberg im Alter von 70 Jahren in den Ruhestand treten. Nach acht Dienstjahren an der UCLA erhielt er lediglich eine geringe Pension, so dass er neben Lehraufträgen an anderen Universitäten wieder verstärkt in seinem

---

30 Sabine Feisst, *Schoenberg's New World. The American Years*, New York 2011, S. 209.
31 Los Angeles 1942; kommentierte Neuausgabe: Gordon Root (Hrsg.), New York 2016; deutsche Übersetzung Rudolf Stephan (Hrsg.), *Modelle für Anfänger im Kompositionsunterricht*, Wien 1972.
32 Leonard Stein (Hrsg.), London 1963; deutsche Übersetzung Leonard Stein – Friedrich Saathen (Hrsg.), *Vorschule des Kontrapunkts*, Wien 1977.
33 Gerald Strang – Leonard Stein (Hrsg.), London 1967; deutsche Übersetzung Rudolf Kolisch – Rudolf Stephan (Hrsg.), *Grundlagen der musikalischen Komposition*, Wien 1979.
34 Humphrey Searle (Hrsg.), London 1954; deutsche Übersetzung *Die formbildenden Tendenzen der Harmonie*, aus dem Englischen übertragen von Erwin Stein, Mainz 1957.

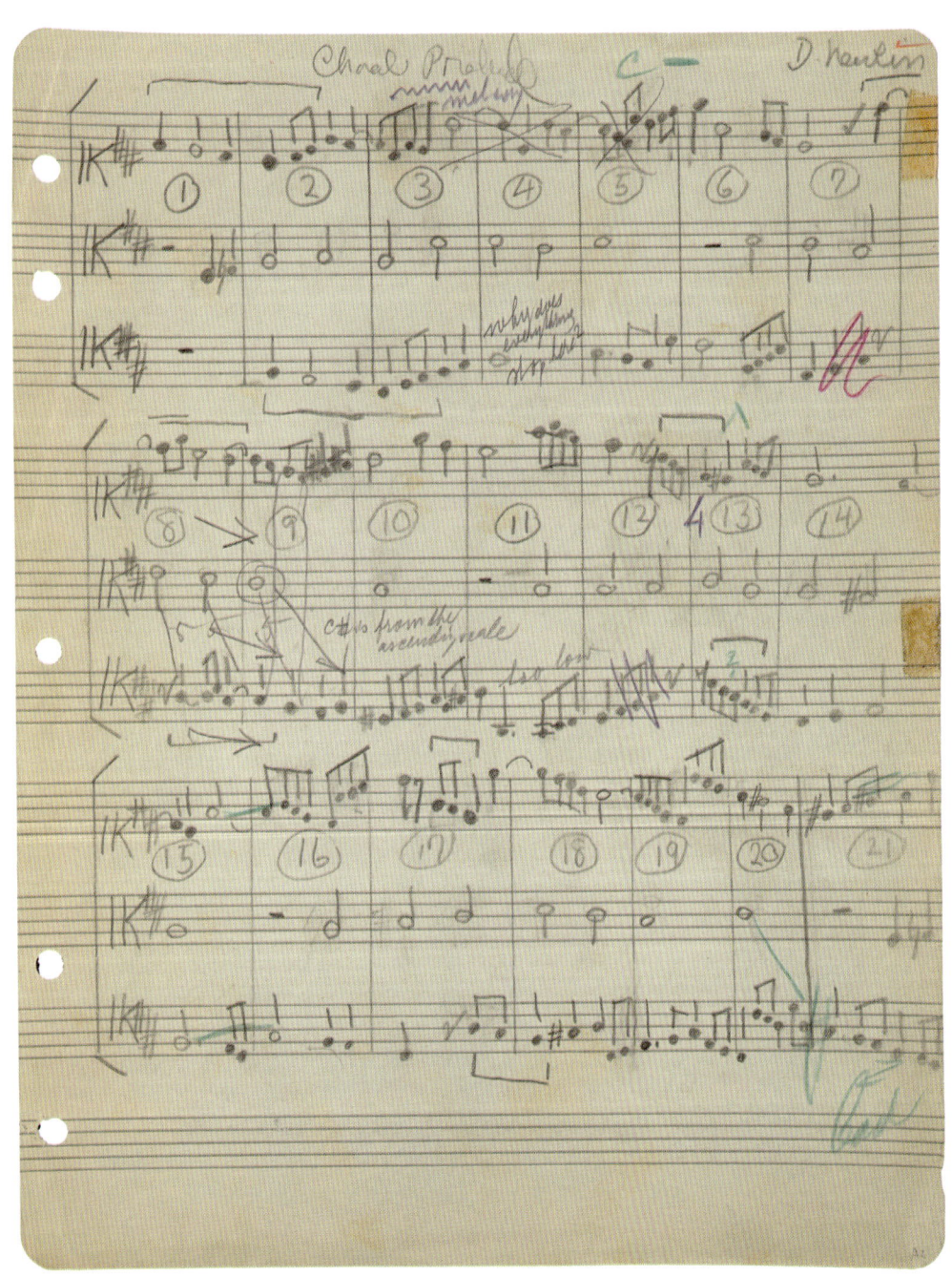

Choral Prelude von Dika Newlin, mit Korrekturen von Arnold Schönberg
Arnold Schönberg Center Privatstiftung, Wien
(A-Was)

Schönberg unterrichtet in seinem Haus in der Rockingham Avenue
Arnold Schönberg Center Privatstiftung, Wien (A-Was)

Haus unterrichtete. In dieser Zeit trat auch der junge Komponist Richard Hoffmann in sein Leben – zunächst als Schüler, schließlich bis zu seinem Lebensende als Sekretär und Assistent. Auf einem Foto (s. Seite 73) ist Hoffmann weit rechts, verdeckt durch seinen Mitstudenten Alfred Carlson zu erkennen. Mangels Schiefertafel schrieb Schönberg Notenbeispiele auf großdimensioniertes Papier, auf dem mit einem selbstgefertigtem Rastral Notenlinien gezogen wurden. Das auf der Fotografie zu sehende Notenbeispiel wurde später fortgeführt (s. Seite 73). Mit gut 200 Exemplaren erlauben die im Nachlass erhaltenen Blätter Einblicke in Schönbergs Lehrpraxis, die auch hier die traditionellen Fächer Kontrapunkt, Harmonie- und Formenlehre umfasst. Hinzu kommen wenige Beispiele, welche auf eigene, zwölftönige Werke zurückgehen – eine große Ausnahme. Dika Newlin erinnert sich, dass Schönberg stets Abstand davon nahm, seine Kompositionsmethode zu erläutern: „While he was – and is – completely secure in his own use of the new technique, it seemed to be a matter so personal to him that he found it very difficult to impart advice on the proper use of the method to someone else. Also, he thought it extremely unwise for young composers to begin their careers by writing in a manner which he himself had been able to attain only after profound thought and deep inward struggle. [...] the student was at all times urged to think for himself [...] Stress was laid rather on ‚seeking' the widest variety of solutions to a problem than on 'finding' the only possible answer."[35]

LEITLINIEN DES UNTERRICHTS

Schönbergs weitgehend autodidaktische musikalische Ausbildung dürfte wesentlich zu seinem Profil als Lehrer beigetragen haben – einer Vermittlung durch klassische Beispiele statt abstrakter Lehrsätze, durch lebendige Erfahrung statt trockener Regelwerke. Bereits die *Harmonielehre* muss all jene überraschen, die an eine bis heute verbreitete Instruktionsweise gewöhnt sind: in dem Buch gibt es keine einzige auszusetzende Choralzeile, keine Volksliedmelodie zur Begleitung oder sonstige harmonische Lückentexte, dafür unzählige, auf gut 500 Druckseiten verteilte Akkordfolgen. Beginnend mit einfachen, dabei stets frei erfundenen harmonischen Verbindungen sollen Lernende allmählich zu komplizierten Sätzen fortschreiten. Richtschnur sind dabei wohlbegründete Erläuterungen, was aus Sicht des erfahrenen Komponisten musikalisch erprobt und funktional ist: „Könnte man beim Komponieren ebenso zuschauen lassen wie beim Malen, könnte es Komponierateliers geben, wie es Malateliers gab, dann wäre es klar, wie überflüssig der Musiktheoretiker ist und dass er ebenso schädlich ist wie die Kunstakademien. [...] Wenn es mir gelingen sollte, einem Schüler das Handwerkliche unserer Kunst so restlos beizubringen, wie das ein Tischler immer kann, dann bin ich zufrieden."[36] Schönberg plädierte für

---

35 Dika Newlin, „Schoenberg in America – I", in: *Music Survey* 1/5 (1949), S. 130 f.
36 Arnold Schönberg, *Harmonielehre*, Wien 1922, 2, S. 7.

Lehrmaterialien vom 15. Mai 1948
Arnold Schönberg Center Privatstiftung, Wien
(A-Was)

eine an den bildenden Künsten orientierte Weitergabe des Wissens, bei der die Betrachtung vorbildlicher Werkstücke im Zentrum steht. Im Zentrum standen die Werke der Wiener Klassiker, von der Analyse eigener Werke sah er zumeist ab. Als sein Schüler Karl Horwitz ihn um eine Widmung der Partitur seines Streichquartetts op. 7 bat, schrieb Schönberg: „Trachten Sie, davon *nichts, vielmehr von Mozart, Beethoven und Brahms zu lernen! Dann wird Ihnen hierin vielleicht manches beachtenswert erscheinen.*"[37]

Der Bezugsrahmen von Schönbergs Unterricht war konservativ. Die Kontrapunktlehre fußte auf Johann Josef Fux epochalem Werk *Gradus ad parnassum* (Wien 1725), das er kaum im Original gelesen hatte. Es bildete aber ebenso die Grundlage von Alexander Zemlinskys Studium bei Robert Fuchs am Wiener Konservatorium wie auch des verbreiteten Lehrbuchs von Heinrich Bellermann, das Schönberg schätzte.[38] Die zentrale Bedeutung der Wiener Klassiker für den Kompositionsunterricht geht historisch auf Adolph Bernhard Marx Kompositionslehre zurück, deren dritter Band sich in Schönbergs Bibliothek befand.[39] Ähnlich wie Schönbergs *Fundamentals* entwickelte Marx einen geordneten Kanon musikalischer Formen in aufsteigender Komplexität, wobei seine bis heute nachwirkende Beschreibung der Sonatensatzform sich aus dem Schaffen Beethovens ableitet. Vorbilder dienten jedoch nicht zur Nachahmung, sondern als ideale Verkörperung musikalischer Gestaltungsprinzipien. Der Unterricht bestand zu einem Gutteil aus Analysen. Zur Umsetzung des Gelernten schien es nach der Beschreibung von Anton Webern zunächst keine Vorgaben gegeben zu haben: "Schönberg verlangt vor allem, dass [der Schüler] in den Arbeiten für die Stunden nicht beliebige Noten zur Ausfüllung einer Schulform schreibe, sondern dass er diese Arbeiten aus einem Ausdrucksbedürfnis heraus leiste. [...] Er folgt mit höchster Energie den Spuren der Persönlichkeit des Schülers, sucht sie zu vertiefen, ihr zum Durchbruch zu verhelfen, kurzum, dem Schüler ‚den Mut und die Kraft' zu geben, ‚sich so zu den Dingen zu stellen, dass alles, was er ansieht, durch die Art, wie er es ansieht, zum aussergewöhnlichen Fall wird'."[40]

Natürlich korrigierte Schönberg wie jeder andere Kompositionslehrer auch Satzfehler oder formale Ungeschicklichkeiten und machte Verbesserungsvorschläge. Durch die Erinnerungen von Karl Linke, später ein wichtiger Reformator des Österreichischen Unterrichtswesens, erhalten wir einen Einblick, wie er das Ansinnen seiner Schüler zu erkennen und sie über rein technische Probleme hinaus zu unterstützen suchte: „Ich habe einmal in eine Stunde ein Lied gebracht, das ich hauptsächlich deshalb so liebte, weil es so schwer war. Als es Schönberg durchgelesen hatte, sagte er: ‚Haben Sie sich das wirklich so kompliziert gedacht?' Eine solche Frage bejaht ein Schüler immer. Denn sie schmeichelt. Aber Schönberg

---

37 Karl Horwitz: „Der Lehrer", in: *Arnold Schönberg*, München 1912, S. 84.

38 Heinrich Bellermann: *Der Contrapunkt oder Anleitung zur Stimmführung in der musikalischen Composition* Berlin 1862. Eine detaillierte Auseinandersetzung mit den für Schönbergs Lehrbuch relevanten Inhalten findet sich bei Severine Neff, „Preliminary Exercises in Counterpoint. Questions of Sources and Presentation", in: Eike Feß – Therese Muxeneder (Hrsg.), *Journal of the Arnold Schönberg Center 12/2015*, Wien 2015, S. 123–147.

39 Hierzu ausführlicher Ulrich Krämer, „Schoenberg's Concepts of Kompositionslehre (1904-1911) and the Nineteenth-Century German Tradition", in: *Revista de Musicología* (1993), S. 3735–3753.

40 Anton Webern, „Der Lehrer", in: *Arnold Schönberg*, wie Anm. 36, S. 86.

gab nicht nach. ‚Ich meine: trug Ihr erster Einfall unzweideutig jene Komplizität der Begleitungsform in sich?' Eine solche Frage bejaht ein Schüler nicht immer. Denn er fühlt, wie sie ihm an den Leib geht. Ich suchte mich auf den ersten Einfall zu besinnen. Aber Schönberg, durch meine Unsicherheit gestärkt, sprach weiter: ‚Haben Sie nicht diese Figur nachträglich darübergelegt, um ein harmonisches Skelett zu bekleiden? Etwa so, wie man Fassaden an Häuser klebt?' Jetzt hatte er's auch. Es stellte sich heraus, dass der Einfall bloss harmonisch und nicht zwingend bewegungszeugend gewesen war. ‚Sehen Sie, dann begleiten Sie das Lied einfach harmonisch. Es wird primitiv aussehen, aber es wird echter sein als so. Denn was Sie hier haben, ist Schmuck. [...] Die Musik soll aber nicht schmücken, sie soll bloss wahr sein.'"⁴¹ Kaum überhörbar hallt hier das Denken von Schönbergs Freund Adolf Loos wider, der funktionslose Ornamentik an Wiener Prachtbauten als „Verbrechen"⁴² brandmarkte und für eine Besinnung auf den Kern architektonischer Gestaltung auf Basis des Materials plädierte.

Im Exil in den Vereinigten Staaten musste Schönbergs Lehransatz insofern eine schematischere Form annehmen, als er sich Studierenden mit ganz unterschiedlichen musikalischen Kenntnissen und Lebensentwürfen gegenüber fand – die wenigsten wollten freischaffende Künstler werden. Schönbergs in den *Models for beginners in composition* formuliertes Lernziel für seine Schüler:innen, „that even those with little creative ability and musicianship could write a small minuet or even a scherzo that was not quite impossible", steht für seine Überzeugung, dass ein Verständnis für Komposition zu jeder Art musikalischer Tätigkeit notwendig ist, sei es am Instrument oder beim Unterricht in Höheren Schulen. Schönbergs Vorhaben war daher im positiven Sinne eine Vermittlungsweise, „which makes composing easier even to such students as have no desire or ability for musical creation".⁴³ Dass Schönberg bei der Anleitung seiner Schützlinge durchaus Humor bewies, lässt sich an einer Anekdote der Komponistin Dika Newlin ablesen: „He spent part of the class time writing a different continuation for a Scherzo by one of the students. When the Muse didn't visit him quite as soon as he had expected, he got out his cigarettes, as he so often does, and remarked, 'I think I will smoke now for inspiration!' He took a puff and then proceeded to write for quite some time. Finally he exclaimed, 'See how inspiring that was!' I dare say the whole class will take up smoking extensively now!"⁴⁴

Schönberg schätzte die damals erst sechzehnjährige Newlin außerordentlich und empfahl sie für ein Stipendium: „I never had a student who in this age was as promising as Miss Newlin"⁴⁵ – die Geschlechtsneutralität von „student"

---

41 Karl Linke „Der Lehrer", in: *Arnold Schönberg*, wie Anm. 36, S. 76 f.

42 Vgl. Adolf Loos vielzitierten Vortrag „Ornament und Verbrechen", den der Architekt in Wien erstmals 1910 hielt, organisiert durch den Akademischen Verband für Literatur und Musik, durch den in den kommenden Jahren auch Konzerte mit der Musik Schönbergs veranstaltet werden sollten; publiziert in: Franz Glück (Hrsg.) *Adolf Loos, Sämtliche Schriften*, Wien 1962, S. 276–288.

43 Schönberg, *Models*, wie Anm. 30, 3; vgl. auch Helmut Schmidinger, „Schönbergs Bedeutung für die aktuelle Kompositionspädagogik", in: Eike Feß – Therese Muxeneder (Hrsg.), *Journal of the Arnold Schönberg Center 16/2019*, Wien 2019, S. 113–130.

44 Dika Newlin, *Schoenberg remembered. Diaries and recollections (1938-1976)*, New York 1980, S. 34.

45 https://repo.schoenberg.at/urn:nbn:at:at-asc-B031346.

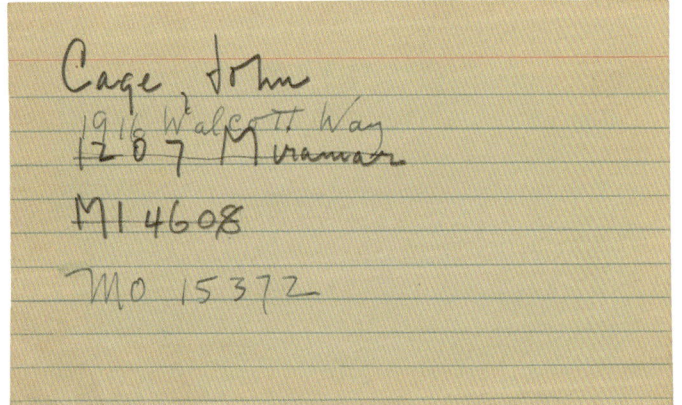

Adresskarte in der Handschrift von John Cage
Arnold Schönberg Center Privatstiftung, Wien (A-Was)

Unterrichtstermin John Cage in Schönbergs Kalender, 1. Mai 1935
Arnold Schönberg Center Privatstiftung, Wien (A-Was)

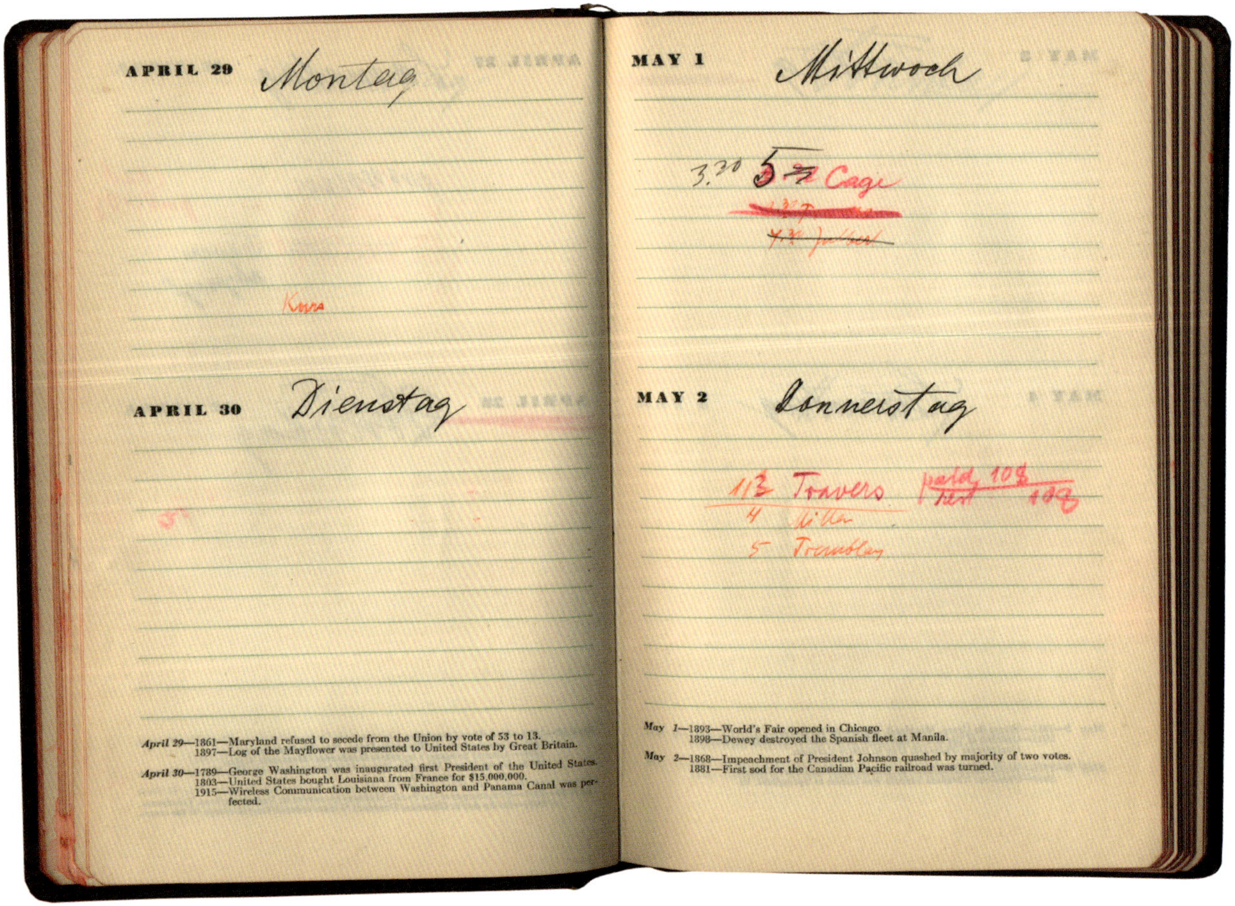

im Englischen ist hier von Bedeutung: Männer sind durchaus mitgemeint. Newlins Schaffen harrt noch seiner Entdeckung – ganz im Gegensatz zu Schönbergs berühmtestem amerikanischen Schüler John Cage. In Schönbergs Nachlass verweist u. a. eine Adresskarte sowie ein Unterrichtstermin in Schönbergs Kalender auf beider Begegnung (s. Seite 78). Über beider Verhältnis wissen wir lediglich aus einigen Berichten Cages, die stets von größtem Respekt geprägt sind. Schönberg erteilte ihm kostenfrei Unterricht, ein Zugeständnis, zu dem er nur gegenüber mittellosen, dabei hochtalentierten Schülern bereit war – in Wien etwa der jungen Hanns Eisler. Noch vor der Kompositionstechnik, die in manchen Frühwerken Cages eine Nähe zu Schönberg erkennen lässt,[46] beeindruckte den Schüler die Ernsthaftigkeit und künstlerische Konsequenz des Lehrers. In John Cages als Folge sogenannter *Mesostics* verfasstem Text „Composition in Retrospect", der auch diverse Verweise auf Schönberg enthält, findet sich die Passage:

> the past must be **I**nvented
> the future **M**ust be
> rev**I**sed
> doing bo**T**h
> m**A**kes
> wha**T**
> the present **I**s
> disc**O**very
> **N**ever stops"[47]

IMITATION – wird dabei verstanden als stets sich erneuernde Betrachtung der Vergangenheit, die Bereitschaft zur Veränderung, Gegenwart als Erkundung unbetretener Pfad – diese Beschreibung könnte ebenso für den Unterricht wie das Komponieren Schönbergs stehen. Dass dessen Schüler John Cage sich in seiner musikalischen Ästhetik völlig eigenständig entwickeln konnte, ist auch ein Beleg für Schönbergs bleibende Bedeutung als Lehrer.

---

46 Vgl. David W. Bernstein, „'Themes and Variations'. John Cage's Studies with Arnold Schönberg", in: Christian Meyer (Hrsg.), *Arnold Schoenberg in America. Bericht zum Symposium | Report of the Symposium 2.–4. Mai 2001*, Wien 2002, S. 325–338.

47 John Cage, „Composition in Retrospect", in: *X. Writings '79–'82*, Hanover 1983, S. 145.

Richard Hoffmann
Courtesy Oberlin College and Conservatory Archives

Gerold Gruber

DER NACHLASS RICHARD HOFFMANNS AM EXILARTE ZENTRUM

Anfangs wurden wenig Fragen gestellt, aus Befangenheit, aus Unwissenheit, aus unterdrückter Scham? Aber dann häuften sich die Begegnungen mit Zeitzeug:innen und die ganze Katastrophe wurde sichtbar. Nachrichten über ausgelöschte Leben, gebrochene Talente, zerstörte Karrieren kamen ans Licht und in die Medien. Und dann wurde man gewahr, dass nach der Katastrophe der Vertreibung und des Verstummens noch eine zweite Katastrophe des Nicht-Zurückholens folgte. Lange Zeit hat es gedauert, bis man endlich darüber sprechen konnte, diskutieren wollte, mit Personen in Kontakt kam, die eine Geschichte erzählen konnten und wollten, nämlich ihre Geschichte der Verfemung und Vertreibung.

Mit Richard Hoffmann war es nicht anders. Sein Weg ins Exil war in Österreich nur wenigen bekannt und das Schicksal seiner Familie war nicht in der Öffentlichkeit wahrgenommen worden. Daher ist es Walter Szmolyan von der Internationalen Arnold Schönberg-Gesellschaft, Walter Pass von der Universität Wien, Gottfried Scholz von der mdw (heute Universität für Musik und darstellende Kunst Wien), sowie Elisabeth Lafite von der *Österreichischen Musikzeitschrift* vorrangig zu verdanken, dass Hoffmann – als Mitherausgeber der Arnold Schönberg-Gesamtausgabe – die Möglichkeit erhielt, mit seinen Student:innen des Oberlin College in Ohio für einige Jahre einen Platz im akademischen Leben Wiens und Mödlings einzunehmen. Es war mir damals vergönnt, ihn im Rahmen seiner öffentlichen Auftritte bei Vorträgen und Symposien kennen und schätzen zu lernen. Hoffmanns Expertise in Sachen Schönberg und die persönlichen Erlebnisse mit seinem Lehrer haben dann auch Gottfried Scholz sowie mich im Rahmen unserer Lehrveranstaltungen an der mdw veranlasst unseren Student:innen einen Einblick in die Gedankenwelt Schönbergs aus erster Hand zu geben, zu ihrem Verständnis und zu ihrem Vergnügen beizutragen. Sein ausgeprägter Humor war ja legendär und ist uns bis heute in Erinnerung.

Nach diesen intensiven Jahren haben sich unsere Wege bedauerlicherweise nicht mehr gekreuzt, bis schließlich die Gründung des Vereins exil.arte im Jahr 2006 und vor allem 2016 die Übernahme des Vereins als Forschungszentrum Exilarte der mdw einen neuen Fokus auf Richard Hoffmann warfen. Und es ist ganz besonders Tanya Buchdahl Tintner zu verdanken, dass sie in ihrer Biographie ihres verstorbenen Gatten Georg Tintner unter dem Titel *Out of Time*[1] mich wieder auf Richard „Dickie" Hoffmann verwies. Sie erwähnt in ihrem Buch, dass auf Empfehlung von Joseph Marx der erst neunjährige Richard vom sechzehnjährigen Georg ein bis zweimal pro Woche Privatunterricht in Harmonielehre und Musiktheorie erhielt. Nach dem ersten Unterricht im April 1934 konnte Richard bereits nach wenigen Mona-

---

1 Tanya Buchdahl Tintner, *Out of Time. The Vexed Life of Georg Tintner*, Ontario 2013, S. 37 ff.

ten eine Orchestersuite unter dem Titel *Goldene Jugendzeit*[2] verfassen, welche sogar im Rundfunk verbreitet wurde. Der Unterricht sollte nicht lange währen, da Richards Vater die Zeichen der Zeit richtig deutete und 1935 mit seiner Familie nach Neuseeland immigrierte. Richard war erst zehn Jahre alt. Später konnte Georg Tintner mit Hilfe der Hoffmanns aus dem ausgelöschten Österreich nach Neuseeland fliehen und dort eine neue Existenz als Dirigent aufbauen.

Schließlich haben Randy Schönberg und Michael Haas den Stein ins Rollen gebracht und mich als Leiter des Exilarte Zentrum dazu ermutigt, mit Richard und seiner Tochter Anna Kontakt aufzunehmen. Hoffmann war zu dieser Zeit schon sehr vom Alter und von Krankheit gezeichnet – immerhin war er fast 95 Jahre alt, aber dennoch freute er sich über das große Interesse an seinem Vorlass, an seine Schönbergiana, seine Kompositionen und auch an den weiteren Dokumenten zu seinen Besuchen in Wien und Mödling gemeinsam mit seinen amerikanischen Student:innen. Wie wir von seiner Tochter Anna erfahren konnten, war durch diese neue Entwicklung seine Lebensenergie wieder bei ihm geweckt worden und er hat mit Lust und Laune seinen Vorlass gesichtet und geordnet. Sein großer Wunsch und unser Plan, dass „Dickie" diesen Schatz persönlich nach Wien ‚zurückbringen' würde, konnte nicht mehr umgesetzt werden. Er verstarb am 24. Juni 2021, sein – nunmehr – Nachlass kam im November desselben Jahres ans Exilarte Zentrum der mdw nach Wien. Mit der gegenwärtigen Ausstellung „Triangel der Wiener Tradition. Zemlinsky – Schönberg – Hoffmann" konnte Exilarte einen Teil der Materialien erstmals der Öffentlichkeit präsentieren.

Richard Hoffmann wurde am 20. April 1925 in Wien geboren. Sein musikalisches Talent wurde früh erkannt und gefördert. Insbesondere begann er im Alter von fünf Jahren mit dem Geigenunterricht und trat im Ersten Wiener Kinderorchester (ein instrumentales Gegenstück zu den Wiener Sängerknaben) auf. Nach dem bereits erwähnten Privatstudium bei Georg Tintner und der Aufführung eines Werkes bei der RAVAG, dem österreichischen Rundfunk, immigrierten die Hoffmanns nach Neuseeland. An der Universität von Auckland erhielt er sein Bachelor Degree in Musik im Jahr 1945, während dieses Studiums nahm er zwei Jahre hindurch Orgelunterricht bei Frederick Page.

Im Nachlass Richard Hoffmann tauchte ein etwas kurios anmutender Brief von Arnold Schönberg an Richard Hoffmann sen. aus dem Jahr 1944 auf. Schönberg spricht in diesem Brief sein großes Interesse an Inseln an, speziell Neuseeland, das er seit seiner Kindheit hatte, und welches von den besonders schönen Briefmarken dieses Landes herrühren könnte. Andererseits erwähnt er seine Pensionierung seit September 1944 und fügt einen Fragenkatalog an, der sich konkret auf die Lebenshaltungskosten und Mietpreise von Häusern bezieht. Auch möchte er wissen, ob er als amerikanischer Staatsbürger Schwierigkeiten bei der Einreise habe. Schönberg war im September 1944 gerade 70 Jahre alt geworden. Hat er sich zu dieser Zeit wirklich ernsthaft mit einer Übersiedelung nach Neuseeland beschäftigt? Was können die Ursachen seiner Pläne gewesen sein, wenn wir die bunten Briefmarken einmal außer Acht lassen? Er spricht Richard Hoffmanns Vater mit „uncle" an, was auf das entfernte Verwandtschaftsverhältnis hindeutet, da Hoffmann sen. der Halbbruder von Schönbergs Schwiegermutter Henriette Anna Theresia Kolisch (der Mutter von Gertrud Bertha Schönberg, geb. Kolisch) war. Ein Bezug zu Hoffmann jun. findet sich ebenso im Brief: „I read with in-

---

[2] *Goldene Jugendzeit* (1935) für Trompete in C, Schlagwerk, Harmonium, Klavier, Violinen (Nachlass Richard Hoffmann, A-Weaz).

```
ARNOLD SCHOENBERG
116, N. ROCKINGHAM AVENUE
LOS ANGELES, 24, CALIFORNIA
```

Mr. Richard Hoffmann sen.
785 Mt. Eden Road
Ph. 62679
Auckland S1,
NEW ZEELAND   October 17, 1944

Dear Uncle Richard:

   Excuse me for calling you "uncle"-the title to which I have conveyed myself.

   My wife will answer you as soon as her duties as a "houswife" (to which she is forced by the impossibility of having servants at present) admit it.

   In the meantime you must content yourself with me-but I have a special reason to write you:

   Since my childhood I had a great interest in islands and especially in the islands of New Zeeland. This might have originated from stamp collecting and I remember faintly that these stamps were extremly beautiful.

   I have often and especially in this last year thought of New Zeeland. Because I am since September retired from University of California and made plans to go to a country, where the Dollar is more effective as it is at present here and as it will probably be after the war.

   I wonder whether you could give us informations to this end.

   1) Is it difficult to enter this country? We are American citizens.

   2) Which are the prices of houses, consisting of 3-4 bedrooms (we have 3 children, a girl 12, a boy 7 and another boy 3½; and besides your sister, Mrs. Henriette Kolisch lives with us) in one of the better districts?

   3) Which are the rents for a house or appartment of this size, which must include a studio for me?

   4) Which are the living expenses for a family like mine, with if possible, one servant?

   I read with interest that your younger son, Dick, is a musician. Perhaps I could help him a little, if I am there.

   I am very anxious to have your answer to my question, though I am affraid the war will not be over too soon and we will probably have to wait untill then.

   I am with kindest regards yours sincerely

Brief von Arnold Schönberg an Richard Hoffmann Senior, 1944
Archiv des Exilarte Zentrum der mdw, Wien
(A-Weaz)

785 Mt. Eden Rd.,
Mt. Eden,
Auckland S.1.
25/7/46.

Lieber Meister!

Mit besonderer Freude habe ich ihre lieben Zeilen erhalten. Grosse Betrübnis und Enttäuschung brachte mir die Erkenntnis daß ich trotz meiner £400 nur ein armer Musiker bin. Mein einziger Trost ist, daß falls ich wirklich talentiert bin sich ein Weg finden wird und so lege ich meine Zukunft in Ihre Hand.

Ihren Rat nach England zu gehen ist leider für mich unausführbar, da bereits zirka 3000 Personen für Transport vorgemerkt sind und es möchte einige Jahre dauern bis ich von hier fortkommen könnte. Da ich den Wunsch hatte nach Amerika zu gehen, so habe ich rechtzeitig bei der Regierung für meine Studienreise angesucht und es wäre nicht gerne gesehen meine gemachten Angaben zu wechseln. Es gelang mir als Bevorzugter (21ter) auf die Schiffsliste zu kommen, so daß ich jeder Zeit, nach vorhergehender Verständigung, Neu Seeland verlassen kann.

Meine Absicht ist ganz bescheiden in der Y.M.C.A. oder in irgend einer ähnlichen Schlafanstalt Unterkunft zu finden. Meiner leiblichen Bedürfnisse, da ich nicht verwöhnt oder unterernährt bin, dürfte eine 1 jährige

Brief von Richard Hoffmann an Arnold Schönberg, 1946
Archiv des Exilarte Zentrum der mdw, Wien (A-Weaz)

terest that your younger son, Dick, is a musician. Perhaps I could help him a little, if I am there."³

Zu dem Umzug nach Neuseeland ist es dann doch nicht gekommen, aber der letzte Satz im Brief von Schönberg scheint „Dick" dazu motiviert zu haben, dann doch den Weg nach Los Angeles anzutreten. Wie aus dem Brief hervorgeht, gibt es zwischen dem Brief Schönbergs an Hoffmanns Vater von 1944 und dem Brief von Hoffmann jun. an Schönberg von 1946 noch zumindest einen weiteren schriftlichen Kontakt. Warum dieser handschriftliche Brief aber im Besitz von Richard verblieb, ist unbekannt. Möglicherweise gab der „Meister" dem Schüler den Brief als Erinnerung zurück. Jedenfalls spricht der Brief eine klare Sprache, dass „Dick" offensichtlich nur ein Ziel hatte, komme was da wollte. Auch den Job eines Chauffeurs oder ähnliches hätte er angenommen, solange seine Finger nicht leiden würden.

„Lieber Meister!

Mit besonderer Freude habe ich ihre lieben Zeilen erhalten. Grosse Betrübnis und Enttäuschung brachte mir die Erkenntnis, daß ich trotz meiner £ 400 nur ein armer Musiker bin. Mein einziger Trost ist, daß falls ich wirklich talentiert bin sich ein Weg finden wird und so lege ich meine Zukunft in Ihre Hand.

Ihren Rat nach England zu gehen ist leider für mich unausführbar, da bereits zirka 3000 Personen für Transport vorgemerkt sind und es möchte einige Jahre dauern bis ich von hier fortkommen könnte. Da ich den Wunsch hatte nach Amerika zu gehen, so habe ich rechtzeitig bei der Regierung für meine Studienreise angesucht und es wäre nicht gerne gesehen meine gemachten Angaben zu wechseln. Es gelang mir als Bevorzugter (211 ter) auf die Schiffsliste zu kommen, so daß ich jede Zeit, nach vorhergehender Verständigung, Neu Seeland [sic] verlassen kann.

Meine Absicht ist ganz bescheiden in der Y.M.C.A. oder in irgend einer ähnlichen Schlafanstalt Unterkunft zu finden. Meiner leiblichen Bedürfnisse, da ich nicht verwöhnt oder unterernährt bin, dürfte eine 1jährige Diät bestimmt nicht schaden.

Anbei übersende ich mit gemischten Gefühlen kleine Kompositionen und bitte Sie nicht zu kritisch zu sein, da ich nur ein Anfänger bin und genau weiß, daß ich eine Menge dazu zu lernen habe. Es ist ein Lied und eine Prelude & Fuge im akademischen Stil (ungefähr vor 2 Jahren) geschrieben. Auch lege ich ein altes Zeugnis vom Jahre 1935 (wahrscheinlich für Sie nicht von Bedeutung) bei als Beweis[,] daß ich schon jung mit Musik begonnen habe. Eine neukomponierte Sonate für Klavier folgt, da ich noch kurze Zeit zum Ausschreiben brauche.

---

3   Typoskript, Arnold Schönberg an Richard Hoffmann sen., 17. Oktober 1944 (Nachlass Richard Hoffmann, A-Weaz).

> Falls ich noch etwas zu bitten mir erlaube, so wäre mir ein Posten als Violinist in einem Orchester etc. oder alles was mit Musik zusammenhängt sehr willkommen. Bin aber bereit nur um mein Musikstudium zu vervollkomm[n]en andere Arbeiten wie: Chauffeur, Automechaniker, Anstreicher etc. (was meine Finger nicht zu sehr verletzen) anzunehmen […]."[4]

Ab 1947 begann also sein ersehntes Kompositionsstudium bei Arnold Schönberg, bei dem er als Assistent, Amanuensis und Sekretär bis zu dessen Tod am 13. Juli 1951 blieb. An der UCLA (University of California Los Angeles) verfolgte er gleichzeitig ein Studium der Musikwissenschaft bei Walter Rubsamen, das er 1951 mit dem PhD abschloss.

Nach einer kurzen Unterrichtstätigkeit an der UCLA von 1951 bis 1953 wurde Hoffmann an das Musikkonservatorium in Oberlin, Ohio, berufen, wo er von 1954 bis 2004 seine Erfahrung und seine Kenntnisse in der Unterrichtstätigkeit in den Fächern Komposition und Musiktheorie umsetzen konnte. Im selben Zeitraum – also über fünf Jahrzehnte hindurch – spielte Hoffmann die zweite Violine im Oberlin String Quartet.

Auf Einladung der Internationalen Ferienkurse für Neue Musik Darmstadt wurde 1957 Hoffmanns *Klavierkonzert* unter Hermann Scherchen aufgeführt. Seine Expertise in zeitgenössischer Musik konnte er auch bei Gastlektoraten an den Universitäten von Auckland, Wellington und Dunedin unter Beweis stellen. Im Studienjahr 1960/61 nahm er ein Sabbatical in Österreich und hielt Vorträge, unter anderem am Mozarteum in Salzburg im Jahr 1961 über Arnold Schönbergs *Violinkonzert* op. 36. Es folgten weitere Gastprofessuren an der University of California in Berkeley, an der Victoria University in Wellington, Neuseeland, und an der Harvard University.

Mit der Etablierung einer Arnold Schönberg-Gesamtausgabe wurde Hoffmann 1965 Mitherausgeber gemeinsam mit Josef Rufer, Rudolf Kolisch und Leonard Stein. Der Nachlass Richard Hoffmann enthält eine Anzahl von Briefen von Josef Rufer an Hoffmann, aber auch Durchschläge von Briefen an den Schott-Verlag, welche insbesondere die Entstehungsgeschichte der Gesamtausgabe umreißen und die Schwierigkeiten bei der Etablierung thematisieren. Als ein Beispiel sei aus dem Brief von Rufer an Hoffmann vom 19. Juli 1965 zitiert: „Lieber Freund Hoffmann, erschrecken Sie nicht über die umfangreichen Anlagen zu diesem Brief, deren prinzipiellen Inhalt ich Ihnen schon vor einigen Wochen vorweg mitgeteilt habe. Wenn auch zahlreiche Einzelheiten nun ausführlicher dargelegt sind. Bitte geben Sie je ein Exemplar meines Schreibens an die Herausgeber und des Kommentars zu Band 1 an [Leonard] Stein bzw. schicken Sie die anderen an Rudi [Kolisch] – dessen Brief vom 15. ich eben bekam, der mir aber nur mitteilt, daß er nach NY und Europa fliegt, aber keine Adresse angibt!! Vielleicht hat Frau Schönberg eine Adresse? Über Rudis Brief bzw. die darin enthaltenen Vorschlä-

---

4 Handschriftlicher Brief von Richard Hoffmann an Arnold Schönberg, 25. Juli 1946 (Nachlass Richard Hoffmann, A-Weaz). Die erwähnten Werke sind im Nachlass erhalten geblieben.

Richard Hoffmann, 1967
Courtesy Oberlin College and Conservatory Archives

ge von Ihnen, Rudi und Stein betr. Aufteilung der Bände der GA muß ich erst mit Schott Fühlung nehmen, bevor ich dazu etwas sagen kann. A l l e Vorschläge werden sich kaum realisieren lassen, aus verschiedenen Gründen. Ma, vederemo!"[5]

Dadurch verstärkten sich die Kontakte zu Wien und Österreich, was auch schließlich zur Einladung zum Kongress der Internationalen Schönberg-Gesellschaft im Jahr 1974 führte, bei welchem Hoffmann einen Vortrag zu „Row Deviations in the Music of Arnold Schoenberg"[6] hielt. Weitere Teilnehmer waren u.a. Reinhold Brinkmann, Elmar Budde, Friedrich Cerha, Carl Dahlhaus, Claus Ganter, Reinhard Gerlach, Peter Gradenwitz, Jan Maegaard, Gösta Neuwirth, Walter Pass, Alexander L. Ringer, Josef Rufer, Christian Martin Schmidt, Peter Stadlen, Leonard Stein, Rudolf Stephan, H. H. Stuckenschmidt und Hans Swarowsky. Im Jahr 1974 wurde auch eine große Schönberg-Ausstellung eröffnet, beziehungsvoll in der Wiener Secession positioniert, bei welcher der Autor dieser Zeilen als Gymnasiast kontinuierlich jeden zweiten Tag Gast war und im Untergeschoss erstmals alle damals zugänglichen Werke Schönbergs – wie es damals üblich war – auf Tonbandmaschine abhören konnte, was sich offenbar prägend auswirkte.[7]

Anläßlich der 100. Wiederkehr von Schönbergs Geburtstag wurde auch in Oberlin ein *Schoenberg Symposium* unter Teilnahme von Rudolf Kolisch, Leonard Stein und Clara Steuermann abgehalten, welches Richard Hoffmann moderierte.[8] Weitere Feierlichkeiten fanden unter anderem an der Universität Toronto, University of Western Ontario sowie an der University of Southern California statt, an denen Hoffmann als Keyspeaker teilnahm. Im Laufe der nächsten Jahre vermehrten sich die internationalen Gastlektorate.

Ab dem Jahr 1980 leitete Hoffmann schließlich ein aus amerikanischen und österreichischen Studierenden bestehendes Seminar im Mödlinger Schönberg-Haus, das unter der Schirmherrschaft der Internationalen Schönberg-Gesellschaft über viele Jahre hindurch bis 2004 durchgeführt wurde. In einem Brief vom 23. Juli 1979 an den Präsidenten der Schönberg-Gesellschaft Walter Szmolyan skizziert Hoffmann seine Vorstellungen in seiner typischen humorvollen Art:

---

[5] Typoskript, Josef Rufer an Richard Hoffmann, 19. Juli 1965 (Nachlass Richard Hoffmann, A-Weaz), vgl. Martina Sichardt, „Zur Gesamtausgabe der musikalischen Werke Arnold Schönbergs", in: *Mitteilungen aus der Schönberg-Forschung* Nr. 5/6 (März 1992, Internationale Schönberg-Gesellschaft), S. 10 ff.

[6] Richard Hoffmann, "Concerning Row Deviations in the Music of Arnold Schoenberg", in: Rudolf Stephan (Hrsg.), *Bericht über den 1. Kongreß der Internationalen Schönberg-Gesellschaft, Wien, 4. bis 9. Juni 1974*, Wien 1978, S. 98 ff.

[7] Ernst Hilmar (Hrsg.), *Arnold Schönberg Gedenkausstellung 1974*, Wien 1974, vgl. auch Ernst Hilmar, „Zur Arnold-Schönberg-Ausstellung der Stadt Wien in der Secession", in: *Österreichische Musikzeitschrift* 29 (1974), S. 210 f.

[8] Typoskript, „Schoenberg Symposium, Oberlin College (March 2, 1974)" (Nachlass Richard Hoffmann, A-Weaz), publiziert als Richard Hoffmann – Leonard David Stein (Hrsg.), „Reminiscenses. A Schoenberg Centennial Symposium at Oberlin College", in: *Journal of the Arnold Schoenberg Institute* 8, 1 (Jänner 1984), S. 59 ff.

„1. Woche

‚Die Anfänge der Komposition mit 12 Tönen' (Opus 23 [*Fünf Klavierstücke*] dient als das Hauptmodell, obwohl ich bis zu dem seriellen Denken, betreffend der Klangfarben-Disposition in Opus 16/3 [*Fünf Orchesterstücke*, „Farben"] zurückgreife. Maegaard's statistische Analyse und besonders, die computer unterstützten Resultate von Charles Burkhart. Als Belohnung, Wochenende Besuch nach Traunkirchen (Villa Josef). Landschaftliche Inspiration. Vielleicht die Geburt[s]stätte (Mödling ist die Wiege!) des seriellen Denkens.

2. Woche

‚Die Genesis einer Komposition: Opus 47' Eine Analyse, welche sich von dem schöpferischen Vorgang (creative process) bis zu ganz spezifischen Problemen der Aufführungspraxis befasst. (Hier kann ich (unbescheiden) etwas ganz Originelles bieten. Nicht nur war ich im nächsten Zimmer während des Komponierens, sondern [Leonard] Stein und ich kopierten sofort die (Solo)Geige-Stimme aus dem Manuskript und, innerhalb einigen [sic] Stunden, spielten die Fantasy [sic] for Violin with the Accompaniment of the Piano für Schoenberg. Ich habe die Stimme. Sie enthält viele Bogenstriche, Fingersatz etc. Auch habe ich viele schöne Erinnerungen des Stückes mit Stein.)

3. Woche

‚Analyse des Streichtrios' [op. 45], in der Neufassung von Jacques-Louis Monod [erschienen im Schott-Verlag]. Betreffend Herausgeber-Probleme bei Neuauflagen: Opus 16, die Sch. G-A [Schönberg-Gesamtausgabe] etc. (Einige Bomben werden fallen gelassen!!!) Belohnung: grosses Abschiedsfest beim Meyer in Heiligenstadt [Mayer am Pfarrplatz], nicht ganz nüchterner Spaziergang entlang der Probusgasse und sehr nüchterner Besuch der Ehrengräber (Musiker), im Zentral Friedhof, zuvor."[9]

---

9   Typoskript, Richard Hoffmann an Walter Szmolyan, 23. Juli 1979 (Nachlass Richard Hoffmann, A-Weaz), vgl. Christian Baier, „Richard Hoffmanns Kurse im Mödlinger Schönberg-Haus", in: *Mitteilungen aus der Schönberg-Forschung* Nr. 5/6 (März 1992, Internationale Schönberg-Gesellschaft), S. 27.

Dem Brief ist eine Kostenaufstellung für etwa 10 bis 12 Studierende angehängt, wobei für Reisekosten international sowie innerhalb Österreichs, für Übernachtung von 20 Tagen sowie Konzertbesuche pro Person ein Betrag von insgesamt USD 1.000,- berechnet wurde. Hoffmann ging davon aus, dass das Oberlin College die Hälfte der Ausgaben von insgesamt USD 5.000,- bis 6.000,- übernehmen würde.

In einem Brief Szmolyans an Hoffmann vom 11. Dezember 1981 kündigte dieser für Mittwoch, 27. Jänner 1982, ein Konzert im Mödlinger Kursalon im Gedenken an Rudolf Kolisch an, bei welchem auch die Uraufführung von Hoffmanns *Streichquartett Nr. 4* stattfinden würde. Es spielten die Streicher des ORF-Symphonieorchesters, welche damals auch bei der Konzertserie und dem Ensemble *die reihe* von Friedrich Cerha fungierten.[10]

Das Seminar wurde unter anderem auch vom Institut für Musikwissenschaft der Universität Wien (Walter Pass, Herbert Seifert) mitgetragen.[11] Am 25. März 1988 fand ein Festakt im Beisein des niederösterreichischen Landeshauptmanns Siegfried Ludwig, des Mödlinger Bürgermeisters Harald Lowatschek, des Präsidenten der Internationalen Schönberg-Gesellschaft Walter Szmolyan und Richard Hoffmanns statt, bei welchem ein Universitätsbetrieb in vertraglicher Abstimmung zwischen Mödling, der für den Betrieb des Mödlinger Schönberg-Hauses zuständigen Schönberg-Gesellschaft und dem Oberlin College, Ohio, für die kommenden fünf Jahre abgesegnet wurde.[12]

In einem Typoskript von September 1986, das sich im Nachlass befindet, stellt Hoffmann fest: „Besonders erfreulich war die Teilnahme der Wiener Studenten und Studentinnen an meinem 3-stündigen Schönberg-Seminar[,] welches jede 2. Woche, entweder in Mödling, oder an der Universität, stattfand. Wir analysierten Schönberg Opus 16 #3, Opus 23 (die Anfänge des seriellen Denkens), Opus 45, ein Spätwerk, welches ein ganz spezielles Reihenverfahren offenbart, und Opus 47, ein Werk, dessen Komposition ich unmittelbar erlebte und welches Leonard Stein und ich einige Tage nach der Vervollständigung für Schönberg spielten." Weiters erwähnt Hoffmann Gastlektorate von Roman Haubenstock-Ramati, Walter Szmolyan und René Staar. Seine Kurzdarstellung aus dem Jahr 1986 beendet Hoffmann schließlich mit seinem „heißesten Wunsch, dass das Schönberg-Haus nicht nur als Gedenk- und Forschungsstätte erhalten wird, sondern auch als Denkstätte dient, mit einem regen Musikleben, wo sich junge Musiker, von verschiedenen Erdteilen und Kulturen treffen und zusammen arbeiten, um die Musik von verschiedenen Gesichtspunkten zu analysieren und zu diskutieren."[13] Mit der Etablierung des Arnold Schönberg Center im Jahr 1998 wurde das Mödlinger Schönberg-Haus von der Internationalen Schönberg-Gesellschaft in die Obhut des Centers übergeben.

---

10 Typoskript, Walter Szmolyan an Richard Hoffmann, 11. Dezember 1981 (Nachlass Richard Hoffmann, A-Weaz).

11 Vgl. Walter Pass, „Gastprofessoren am Wiener Institut für Musikwissenschaft", in: *Österreichische Musikzeitschrift* 40 (Jänner 1985), S. 54 f.

12 Ankündigung der fünfjährigen Ausrichtung des bilateralen Unternehmens durch Richard Hoffmann, „Oberlin College im Schönberg-Haus", in: *Mitteilungen* [sic] Nr. 1 (Oktober 1986, Internationale Schönberg-Gesellschaft), S. 9.

13 Typoskript, Oberlin, September 1986 (Nachlass Richard Hoffmann, A-Weaz). Näheres zur *Phantasy for Violin with Piano Accompaniment op. 47* auch im „Gespräch mit Richard Hoffmann" (vom 23. Jänner 1995), in: Markus Grassl – Reinhard Kapp (Hrsg.), *Die Lehre von der musikalischen Aufführung in der Wiener Schule. Verhandlungen des Internationalen Colloquiums Wien 1995*, Wien 2002, S. 77 ff.

Neben seiner Lehrtätigkeit in Oberlin und bei Gastprofessuren wurde Hoffmann auch vermehrt zu Kongressen eingeladen, u.a. 1976 zum *Experimental Electronic Studio* des M.I.T., 1983 zum Internationalen Anton Webern Kongress in Wien, 1984 zur International Computer Conference in Paris, 1984 zum Kongress der Internationalen Schönberg-Gesellschaft und 1991 zum Mozart/Schönberg-Symposium nach Prag.[14] Im Jahr 1994 fand in Wiener Neustadt ein Kongress zum Thema „Konstruktiver Realismus im Zwölftonspiel" statt, das vom Josef Matthias Hauer-Konservatorium organisiert wurde. Hoffmann hielt einen Vortrag über „Cage und Hauer", ein unvollständiges Typoskript mit handschriftlichen Korrekturen befindet sich im Nachlass Richard Hoffmann.

Richard Hoffmann ließ sich 1964 in Oberlin, Ohio, ein Haus bauen, das fast zur Gänze aus Aluminium bestand. Er hatte außerdem eine Affinität zu Autos.
© Tim Richter

---

14 Vgl. „Hoffmann Richard", in: *Musikdatenbank von mica – music austria*. Online abrufbar unter: https://db.musicaustria.at/node/56124 (Abrufdatum: 20. 4. 2024).

Richard Hoffmann, *Streichquartett No. 1*, Partitur, 1947
Archiv des Exilarte Zentrum der mdw, Wien (A-Weaz)

Die Werke Richard Hoffmanns im Nachlass sind nach dem bisherigen Stand der Forschung vollständig und reichen von seinem Jugendwerk *Goldene Jugendzeit* aus dem Jahr 1935 bis zum Alterswerk. Hier im Folgenden ein kurzer Überblick über die Werke, weitere Details sind über das Exilarte Zentrum zu erfahren (info@exilarte.org).

Klavier solo:

3 Pieces (1952)
Piano Sonata (1945/6)
Prelude, 6 Bagatellen, 3 Small Pieces (1947)
Sarabanda (1951)
Agitato (2000)
Variations No. 1 (1951)
Variations No. 2 (1957)
Mono/Poly (1994)

Orgel solo:

Fantasy and Fugue (1951)
Passacaglia (1953)

Violine solo:

Tripartita (1950)

Kammermusik:

Duo für Violine und Klavier (1949)
Duo für Viola und Violoncello (1949)
6 Moments für Bassklarinette, Violine und Klavier (1948)
Streichtrio (1961-3)
Streichquartett No. 1 (1947)
Streichquartett No. 2 (1950)
Streichquartett No. 3 (1972/4)
Streichquartett No. 4 (1977)
Streichquartett No. 6 [sic] (1998/9)
Klavierquartett (1950)
Notturno für Streichquartett (A) und voraufgezeichneten Streichquartett (B) (1995)
Goldene Jugendzeit für Trompete, Schlagwerk, Harmonium, Klavier Violinen (1935)
Decadanse für 10 Spieler (1972)

Orchesterwerke:

Violinkonzert, Cellokonzert (1959)
Orchestra Piece (1952)
Orchestra Piece (1961)
Souffleur (1975/6)

Streichorchester:

Prelude and Double Fugue (1944)
Weihnachtslied, Music for Strings (1970/1)

Diverse Lieder für Singstimme(n) und Klavier

Singstimme/Rezitation und Ensemble/Orchester:

Pierrot Lunaire (1986)
Two Songs (1990/1)

Singstimme, Chor und Orchester:

Die Heimkehr (1997)

Chorwerke a cappella:

In Memoriam Matris (1958)

Chor/Doppelchor und Orchester:

Les Adieux (1980-3),
Lacrymosa '91

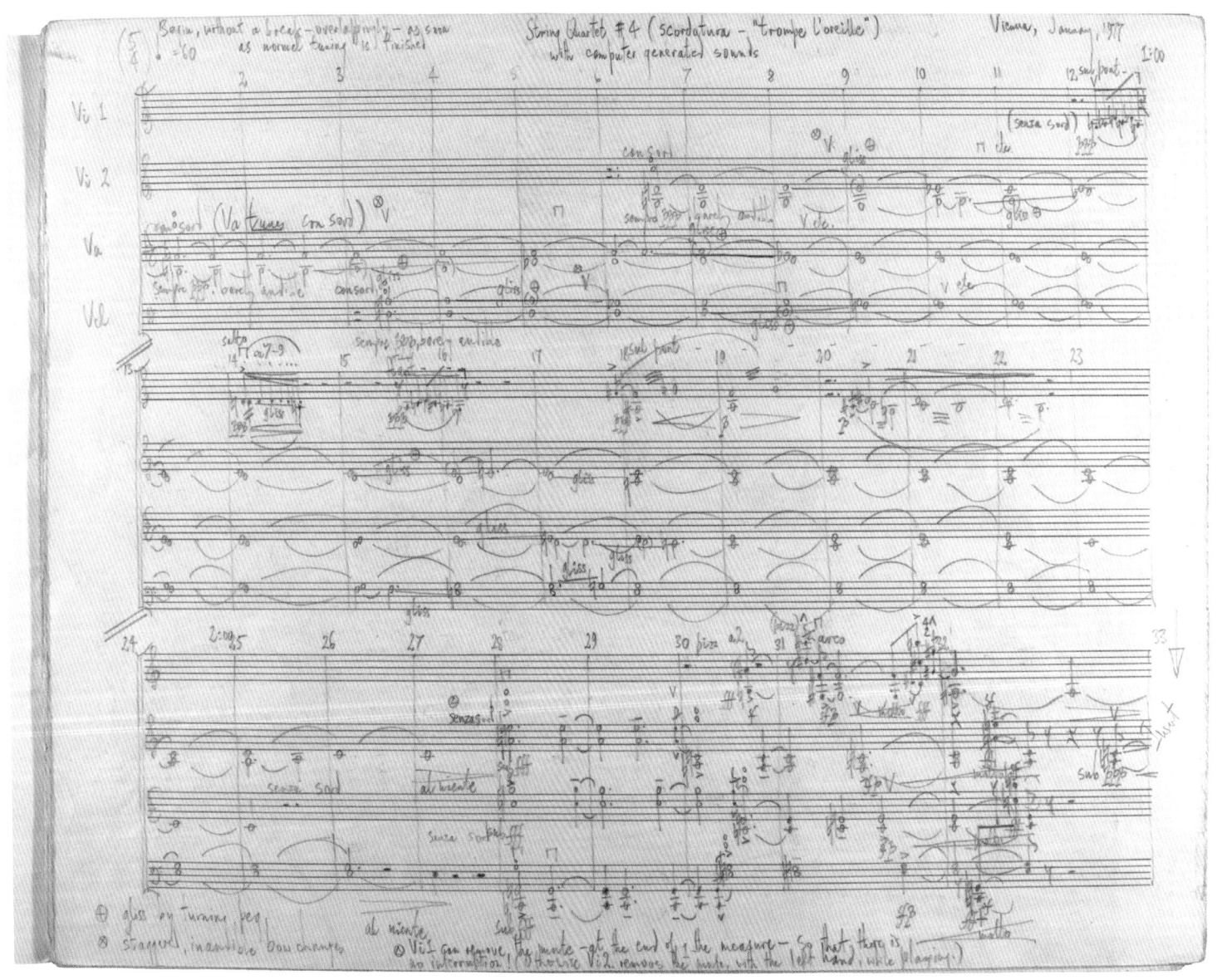

Richard Hoffmann, *Streichquartett No. 4 mit Computer generierten Klängen*, Partitur, 1977/78
Archiv des Exilarte Zentrum der mdw, Wien (A-Weaz)

Im Zuge der Durchsicht der Korrespondenz im Nachlass Richard Hoffmann tauchte ein Brief des international renommierten Dirigenten Stefan Lano auf, den er seinem Lehrer am 2. Dezember 1980 sendete. Stefan Lano beschäftigt sich bis heute intensiv mit der Aufführung von Werken der Zweiten Wiener Schule, was natürlich auch auf den Einfluss seines Lehrers zurückzuführen ist. Dieser Brief übernimmt die humoristische Art der Konversation Hoffmanns und beginnt mit den Worten: „Dear Richard, Winter has arrived in Österreich: 15 below outside right now. Na servus. I'm spending most of my time in the warm confines of the theater playing Stellproben for Salome. Tonight, during the Probe, I had a most appetitlich fantasy re. the Schlußszene: they should make Jochanaans Kopf out of marzipan!! I'll leave to your imagination the rest of the fantasy. See what all those diminished sevenths and bitonality can do to the brain? [...]"[15] Lano kam aus Basel nach Wien, um sich die Ausstellung „Triangel der Wiener Tradition. Zemlinsky – Schönberg – Hoffmann" anzusehen. Konfrontiert mit dem Brief aus dem Jahr 1980 sendete er freundlicherweise dem Exilarte Zentrum der mdw folgenden Kommentar:

---

15 Typoskript, Stefan Lano an Richard Hoffmann, Graz, 2. Dezember 1980 (Nachlass Richard Hoffmann, A-Weaz).

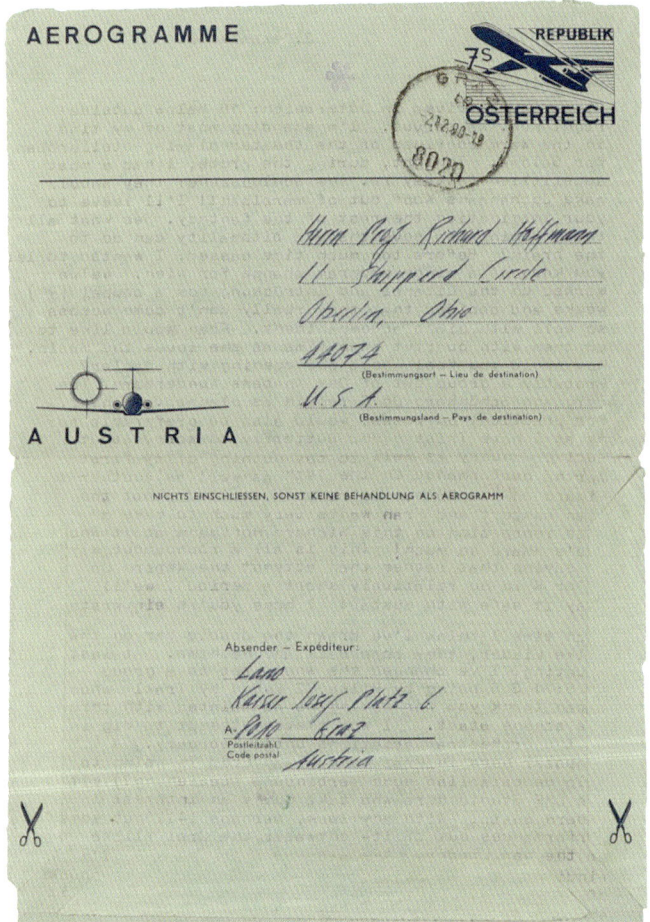

Brief von Stefan Lano an Richard Hoffmann, 1980
Archiv des Exilarte Zentrum der mdw, Wien (A-Weaz)

"Letter to RICHARD HOFFMANN, 2.12.1980

To have had this letter found in the estate of my dear friend and former professor, Richard Hoffmann was a most pleasant surprise from what seems another lifetime. Hoffmann was, due to his personal and artistic history, a seminal influence on the lives and development of his students over many years of which I had the good fortune to be a part from 1971 until his passing.

As a teenager, having been aware of his name from sundry biographies and articles devoted to the work and life of Arnold Schönberg, it was, at the time, unimageinable that our paths would ever cross. This changed when composer Thomas Read of the University of Vermont, after hearing my songs on texts of Robert Frost, advised me to apply to Oberlin College Conservatory of Music specifically for study with Richard Hoffmann.

Schönberg states in the opening chapter of his *Harmonielehre* that, were he to teach a student solely what he knows, the student would gain nothing more than just that, appending to this, the notion that the study of the works of the great composers is the most fruitful path to learning the elusive craft of composition. In the composition and orchestration classes of Hoffmann, although such ideas were not directly articulated, they were ever-present in the persona of Hoffmann whose encyclopaedic knowledge and modern albeit, as with Schönberg, conservative approach to analysis and composition, inspired one to follow such a trajectory rather than be seduced by the oft radical, aleatoric and at times anti-musical tendancies of the time. I recall when the Oberlin Orchestra performed my *Chamber Symphony* at the 1975 Midwest Composer's Forum sponsored that year on the Oberlin campus, how Hoffmann reacted to the academic mores of the day. At the post-concert discussion, I was criticized by a professor from Chicago for having composed a work 'so clearly derivative of the work of Schönberg...' At the age of 21, I took this as a compliment. Hoffmann, seated next to me, mumbled in his inimitable Viennese accent, '...this guy's giving me a migraine...' upon which he departed the event. After countering the criticism of said professor from Chicago, stating that I would gain more from copying Bach's *Art of Fugue* rather than study with someone whose students produced some of the aleatoric trash presented on that evening's concert, I also departed only to find Professor Hoffmann sitting on the steps in front of the auditorium in the amiable company of a dog which had wandered past. His love of dogs and meticulous care of his old Mercedes Benz remain among many fond memories of the Oberlin years.

In the United States of the nineteen-seventies, it was expected that students of composition would attain advanced degrees and then become academic composers and professors at the university level. As this was never an ambition of mine, upon completing graduate studies at Harvard, I received a DAAD Stipendium for study of composition and conducting in Berlin which eventually resulted in work as Repetiteur, first in Graz and later at the Vienna State Opera. The Aerogram from Graz dates from my final year in that theater before moving on to Vienna. It concerns, aside of my rambling about my activities, a concert in Vienna which never came to fruition due to my workload at the Graz Opera at which we were in rehearsal for a new production of Richard Strauss' *Salome* in a brilliant staging by Regina Resnik with stage design by her husband, the Lithuanian-born artist, Arbit Blatas. This would be the first and last time that I would witness a production of this opera which truly reflected the intentions of its author and remind me of Hoffmann's oft-cited reference to the *Book of Ecclesiastes* I. 1-11, his point being that novelty in music is borne of arduous work and not the product of purported originality.

In the ensuing years 1980 to 1988, Professor Hoffmann traveled yearly to Vienna with students from Oberlin allowing us to maintain some regularity of personal contact in the form of animated evenings enjoying Viennese Tafelspitz and generous quantities of Grüner Veltliner in Mödling near the Arnold Schönberg Haus. He was pleased that I had been appointed to the Music Staff in Vienna and happier still that I embraced life in Austria with such enthusiasm and affection for the country.

At the behest of Lorin Maazel, I eventually departed Vienna in 1988 to take up a position as Associate Conductor of the Pittsburgh Symphony Orchestra where Maazel had been appointed Music Director making periodic visits from Pittsburgh to Oberlin. Hoffmann and I remained in contact over the years as my new life as conductor progressed – a time during which I could retrospectively appreciate how much the years of study with him would be applicable to my work as conductor, particularly in works of the Second Viennese School.

It is particularly appropriate and poignant that Exilarte has included Richard Hoffmann in this tribute to the lives and works of Zemlinsky and Schönberg. Mark Twain once wrote that 'history may not always repeat itself, but that it rhymes…'

A sad but prescient testament to the inability of mankind to learn from its ancient and recent history. As with Stefan Zweig, Richard Hoffmann was a modernist albeit at the same time, one who longed for Zweig's *World of Yesterday* which, during the lifetime of Zweig and Hoffmann's youth, would be decimated by two World Wars which could well have been avoided. That his life would take him at an early age as an exile from Vienna to New Zealand; and then to Los Angeles with Schönberg; and ultimately, via various professorships in the United States, to Oberlin … and now, with the return of his estate, back to his home city which, I believe, in his heart, he never really felt he had departed, affirms that one's destiny is shaped by one's surroundings. Before his passing, he told me that his works would be published posthumously by the Schott Verlag in Mainz, Germany. This is welcome news, for music such as Richard Hoffmann composed should be heard and recognized as part of a long-standing Viennese tradition.

By way of their many exhibitions illuminating the works of those silenced, exiled and in many cases, murdered by the fascist and antisemitic governments of our not-so-distant past, Exilarte has contributed in a most positive manner in assuring that in this particular corner of our music heritage, history does indeed rhyme.

Stefan Lano, Basel, April 2024"[16]

---

16 E-mail von Stefan Lano an die Kuratorin der Ausstellung „Triangel der Wiener Tradition. Zemlinsky – Schönberg – Hoffmann", Katja Kaiser, 17. April 2024.

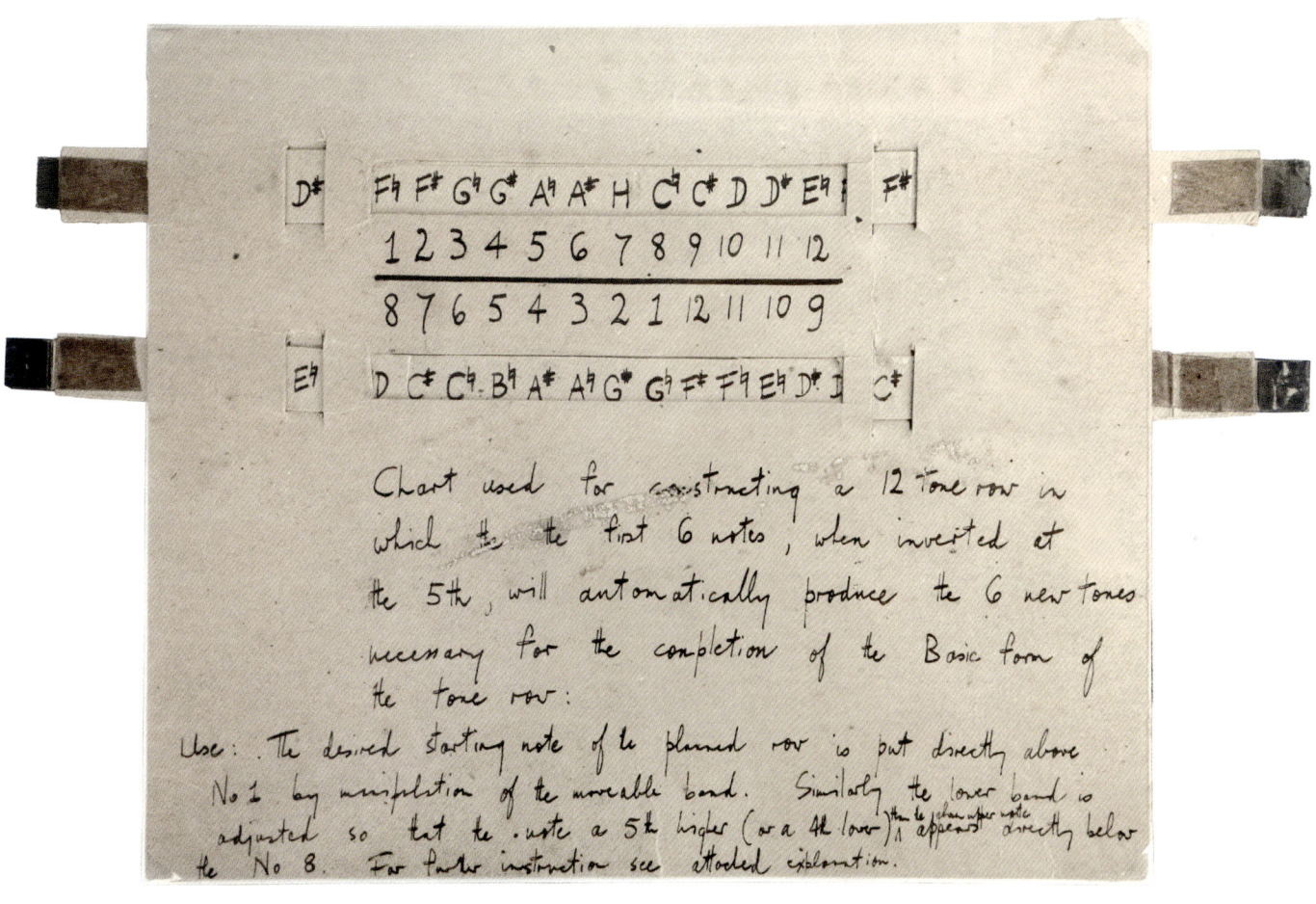

Tafel zur Konstruktion einer Zwölftonreihe,
Erstellt von Richard Hoffmann für Arnold Schönberg
Archiv des Exilarte Zentrum der mdw, Wien (A-Weaz)

Leopold Godowsky, Albert Einstein, Arnold Schönberg, Carnegie Hall, 1. April 1934
Arnold Schönberg Center Privatstiftung, Wien (A-Was)

Katja Kaiser

TREFFPUNKT NEW YORK CITY

New York war in jeder Hinsicht die kulturelle Hauptstadt des amerikanischen Exils. Es war die erste Anlaufstelle, die viele Künstler:innen als neue Heimat betrachteten und wo sie versuchten, Fuß zu fassen und sich zu vernetzen. Mehr als 50 Prozent aller deutschsprachigen Flüchtlinge blieben in der großen Stadt an der Ostküste. Vor allem Schriftsteller hatten es schwer, Leser bzw. Verlage für ihre Werke zu finden. Franz Werfel und Stefan Zweig sind Ausnahmen, deren Werke auch in den USA Anklang fanden und teilweise sogar verfilmt wurden (Franz Werfel *Das Lied von Bernadette*, 1943, Stefan Zweig *Marie Antoinette*, 1938). Bruno Walter, Fritz Stiedry, George Szell, Erich Leinsdorf, Fritz Busch oder Kurt Herbert Adler waren an der Metropolitan Opera gefragte Dirigenten. Für die Opernsängerin Lotte Lehmann wurde die New Yorker Oper von 1934 bis 1945 der Mittelpunkt ihres Künstlerlebens. Der Sänger Jan Kiepura war dort engagiert und lebte mit seiner Frau Marta Eggerth ab 1939 in New York. Die Sängerin und Filmschauspielerin Eggerth trat in New York von 1944-1946 achtmal in der Woche in Franz Lehárs Operette *Die lustige Witwe* auf, die Robert Stolz für den Broadway adaptiert hatte. Auch Kurt Weill brachte seine Werke am Broadway zur Aufführung, *Lady in the Dark* (1941) und *One Touch of Venus* (1943) waren Erfolgsstücke, mit denen Weill bekannt wurde. 1939 verhalf Erich Wolfgang Korngold seinem Schulfreund Wilhelm Grosz zur Flucht nach New York.

Grosz wäre vermutlich eine große Karriere im Filmmusik-Bereich beschieden gewesen, jedoch verstarb er noch im selben Jahr an einem Herzinfarkt. Hermann Leopoldi, der nur knapp dem Tod im Konzentrationslager in Buchenwald entging, konnte selbst mit Wiener Liedern, die an die neue Sprache angepasst wurden, beim Publikum punkten und Erfolge im amerikanischen Unterhaltungsgeschäft verzeichnen. Bald lernte er seine spätere Lebens- und Bühnenpartnerin Helly Möslein kennen und trat in Exilcafés wie „Eberhardt's Café Grinzing", „Old Vienna" oder „Viennese Lantern" auf. Viele Exilant:innen konnten Unterrichtsstellen in New York finden wie der Komponist Karol Rathaus, der eine Professur für Komposition am Queens College bekleidete. Der Schriftsteller und Musiker Hermann Grab unterrichtete Klavier am Mannes College of Music, Ernst Krenek ab 1939 Komposition am Vassar College in Poughkeepsie in New York und Fritz Mahler von 1939 bis 1950 an der Juilliard Summer School of Music als Direktor für den Bereich Oper. Der Komponist Karl Weigl, der zusammen mit seinem ehemaligen Schüler, dem Dirigenten Kurt Adler und dem Cellisten Emmanuel Feuermann in die USA immigrierte, konnte sich anfangs nur mit Privatstunden mühsam seinen Lebensunterhalt verdienen, da er trotz Empfehlungsschreiben von Arnold Schönberg, Richard Strauss und Bruno Walter vorerst keine Anstellungen fand. Schließlich erhielt er doch noch Lehrmöglichkeiten an der Hartt School of Music, am Brooklyn College, dem

Boston Conservatory und an der Philadelphia Academy of Music. Der Geiger Rudolf Kolisch scheiterte daran, "sein" Streichquartett im Exil aufrecht zu erhalten und begann seine Unterrichtskarriere an "The New School of Social Research" in New York, wo er Musikalische Aufführungspraxis lehrte. Zusammen mit Otto Klemperer gründete er an der Schule ein Kammerorchester, das die US Erstaufführung von Béla Bartóks *Musik für Saiteninstrumente, Schlagzeug und Celesta*, Igor Strawinskys *Die Geschichte vom Soldaten* und Arnold Schönbergs *Kammersymphonie No.1* gab. Er studierte außerdem Schönbergs *Pierrot lunaire* ein und nahm auch an der Aufnahme desgleichen unter der Leitung des Komponisten teil. Der Theaterintendant, Regisseur und Theaterpädagoge Erwin Piscator gründete und leitete an derselben Institution den sehr populären "Dramatic Workshop", den die US-Student:innen Beatrice Arthur, Harry Belafonte, Marlon Brando, Tony Curtis, Jack Garfein, Walter Matthau, Elaine Stritch sowie der Dramatiker Tennessee Williams belegten.

TREFFPUNKT BLACK MOUNTAIN COLLEGE

Das Black Mountain College (BMC) in North Carolina wurde 1933 von John Andrew Rice im Sinne einer unkonventionellen, progressiven und reformpädagogischen Wirkungsstätte gegründet. Ziel dieses basisdemokratischen Konzepts war es, junge Menschen anzuleiten, ihren persönlichen Zugang zum Kunstschaffen zu finden. Es sollten Methoden, nicht Inhalte nähergebracht werden. Man beschäftigte sich mit Tanz, Mathematik, Physik, Soziologie, Architektur, Bildender Kunst, Musik, Theater, Fotografie – gelehrt von Visionär:innen, die sich gegen ein autoritäres, dogmatisches Bildungssystem wandten. Das College im US-Bundesstaat North Carolina entwickelte sich zu einem Sammelpunkt kreativer Menschen, dessen Atmosphäre in den ersten Jahren besonders stark von deutschen und europäischen Emigrant:innen geprägt war. So lehrten die ehemaligen Bauhaus-Professor:innen, der Maler Josef Albers und seine Frau, die Textilkünstlerin Anni Albers, die Maler und Fotografen Xanti Schawinsky und Lyonel Feininger, der Architekt Walter Gropius, der Physiker Albert Einstein, der Mathematiker Max Dehn, der Wissenschaftler und Musiker – zudem Schüler von Arnold Schönberg – Heinrich Jalowetz am BMC.

Black Mountain College 1944, Rudolf Kolisch, Heinrich Jalowetz, Ernst Krenek, Marcel Dick, Lorna Kolisch u.a.
Arnold Schönberg Center Privatstiftung, Wien (A-Was)

Black Mountain College 1944,
Rudolf Kolisch
Arnold Schönberg Center
Privatstiftung, Wien (A-Was)

TREFFPUNKT KALIFORNIEN

Besonders für Künstler:innen bedeuten Orte des Austauschs, der Diskussion, der Begegnung und Konfrontation Anstoß für kreatives und philosophisches Schaffen – erst recht, wenn sie sich fern der Heimat befinden. Europas geflohene Kulturschaffende suchten und fanden sich auch im Exil wieder.

Zu Gast im Salon Alma Mahler-Werfel in ihrer Villa in Beverly Hills scharte Gustav Mahlers Witwe wie schon in Wien einen Kreis namhafter Künstler:innen um sich. Das Zuhause des Ehepaars Werfel wurde zu einem der bedeutendsten Emigrant:innen-Treffpunkte in Los Angeles. Hier verkehrten u. a. Thomas Mann, Arnold Schönberg, Lion Feuchtwanger, Igor Strawinsky, Max Reinhardt, Bruno Walter, Fritzi Massary, Bruno Frank, Lotte Lehmann, Friedrich Torberg und Soma Morgenstern.

Auch die Schauspielerin und Drehbuchautorin Salka Viertel, Schwester des Komponisten und Pianisten Eduard Steuermann, hatte in Santa Monica einen Salon, in den sie viele Exilant:innen aus künstlerischen Genres einlud. So waren neben Arnold Schönberg, Max Reinhardt und Thomas Mann auch Sergej Eisenstein, Charlie Chaplin, Christopher Isherwood, Hanns Eisler, Bertolt Brecht ihre Gäste. Im deutschsprachigen Europa des frühen 20. Jahrhunderts hatte Salka Viertel diverse Engagements, bevor sie mit ihrem Mann, dem Autor und Regisseur Berthold Viertel, bereits 1928 nach Hollywood übersiedelte und bis 1953 blieb. Sie war dort sehr gut vernetzt und spielte auch in der amerikanischen Traumfabrik in Filmen u.a. an der Seite von Greta Garbo mit, an deren Drehbüchern sie auch mitarbeitete. Salka Viertel genoss vor und während des 2. Weltkriegs ihre Rolle als Gastgeberin, die Exilant:innen mit der Filmindustrie vertraut machte und Kontakte herstellte. Im Gegensatz zu Alma Mahler-Werfel, die nicht zuletzt wegen ihres unverhohlenen Antisemitismus und ihrem Hang zur Selbststilisierung als eine äußerst widersprüchliche Persönlichkeit galt, engagierte sich Salka Viertel im Kampf gegen den Nationalsozialismus und verhalf vielen Exilant:innen zu Einreisevisa, die sie vor dem sicheren Tod in Nazi-Europa rettete.

Der Schriftsteller Lion Feuchtwanger und seine Frau Marta, die – wie die Werfels – zu Fuß über die Pyrenäen vor den Nazis flohen, hatten 1943 die Villa Aurora auf den Hügeln von Pacific Palisades im Westen von Los Angeles bezogen. In den 40er und 50er Jahren wurde die Villa Aurora zu einem bekannten Treffpunkt für Künstler:innen und Intellektuelle, zu einem Begegnungszentrum für europäische und amerikanische Kultur.

Ebenso in Pacific Palisades befindet sich jenes Anwesen, das der Nobelpreisträger für Literatur Thomas Mann 1940 bauen ließ und in dem er und seine Familie von 1942 -1952 wohnten. Sie verbrachten die ersten Jahre ihres Exils in der Schweiz, in die sie in den 1950er Jahren wieder zogen. Das Thomas-Mann-Haus diente immer schon als beliebter Treffpunkt in der Künstlerszene. Es wurde 2016 von der Bundesrepublik Deutschland erworben und als transatlantische Begegnungsstätte eröffnet.

Thomas Mann House
Wikipedia / Mirkomlux, CC BY-SA 4.0

Villa Aurora
Wikipedia / Mirkomlux, CC BY-SA 4.0

Villa Aurora, Bibliothek
Wikipedia / Concord, CC BY-SA 4.0

"I was driven into the paradise!"

Arnold Schönberg, Hollywood 9. Oktober 1934

Zeitleiste in der Ausstellung, ca. 8 x 1,4 m
Gestaltung: Thomas Reinagl

ALEXANDER ZEMLINSKY

1871
14. Oktober: Alexander Zemlinsky wird in Wien geboren
(Odeongasse im 2. Wiener Gemeindebezirk, Leopoldstadt)

1896
komponiert das *Streichquartett Nr.1* in A-Dur

1897
komponiert die *Symphonie Nr.2* in B-Dur und
Es war einmal (1897-99)

ARNOLD SCHÖNBERG

1874
13. September: Arnold Schönberg wird in Wien als Sohn jüdischer Eltern geboren
(Obere Donaustrasse 5 im 2. Wiener Gemeindebezirk)

1891
Schönberg wird Angestellter der Privatbank Werner & Co

1898
Schönberg konvertiert zum Protestantismus
komponiert 2 *Gesänge* op.1 für Bariton und Klavier

1899
komponiert *Verklärte Nacht* op.4

MUSIK

1869
25. Mai: Eröffnung der Wiener Staatsoper mit *Don Giovanni* von Wolfgang Amadeus Mozart

1870
6. Jänner: Eröffnung des neuen Gebäudes der Gesellschaft der Musikfreunde in Wien

1883
3. Dezember: Geburt von Anton Webern (gestorben 1945)

1885
9. Februar: Geburt von Alban Berg (gestorben 1935)

TECHNIK

1870er / 1880er Jahre
Wendepunkt der gesamten Musikindustrie: Erfindung des Phonographen (später als Grammophon bekannt) durch Thomas Alva Edison und Emile Berliner

1900
Alexander Zemlinsky wird Musiklehrer von Alma Schindler

1900-01
geht eine Liebesaffäre mit Alma Schindler ein

1901
18. Oktober: Arnold Schönberg heiratet Mathilde Zemlinsky, Schwester von Alexander Zemlinsky

1901-02
Dezember 1901 bis Juli 1902: wird als Kapellmeister der Varietébühne Buntes Theater/Überbrettl in Berlin engagiert

1902
komponiert *Die Seejungfrau* (1902-03)

1904
komponiert *Der Traumgörge* op.11 (1904-06)
wird Erster Kapellmeister der Wiener Volksoper (1904-07)

1904
Alban Berg und Anton Webern werden Schüler von Schönberg
komponiert *Streichquartett Nr.1* in D-moll op.7 (1904-05)

1906
Richard Gerstl porträtiert Arnold Schönberg, Öl auf Leinwand
Schönberg komponiert *Kammersymphonie für 15 Soloinstrumente* op.9

1907
Gustav Mahler verpflichtet Zemlinsky an die Wiener Hofoper
komponiert *Kleider machen Leute* op.12 (1907-09)

1908
Februar: kehrt als Kapellmeister an die Volksoper zurück

1908
Affäre zwischen Mathilde Schönberg und Richard Gerstl
4. November: Selbstmord von Richard Gerstl

1909
komponiert *3 Klavierstücke* op.11
komponiert *Erwartung* op.17 Monodram in einem Akt

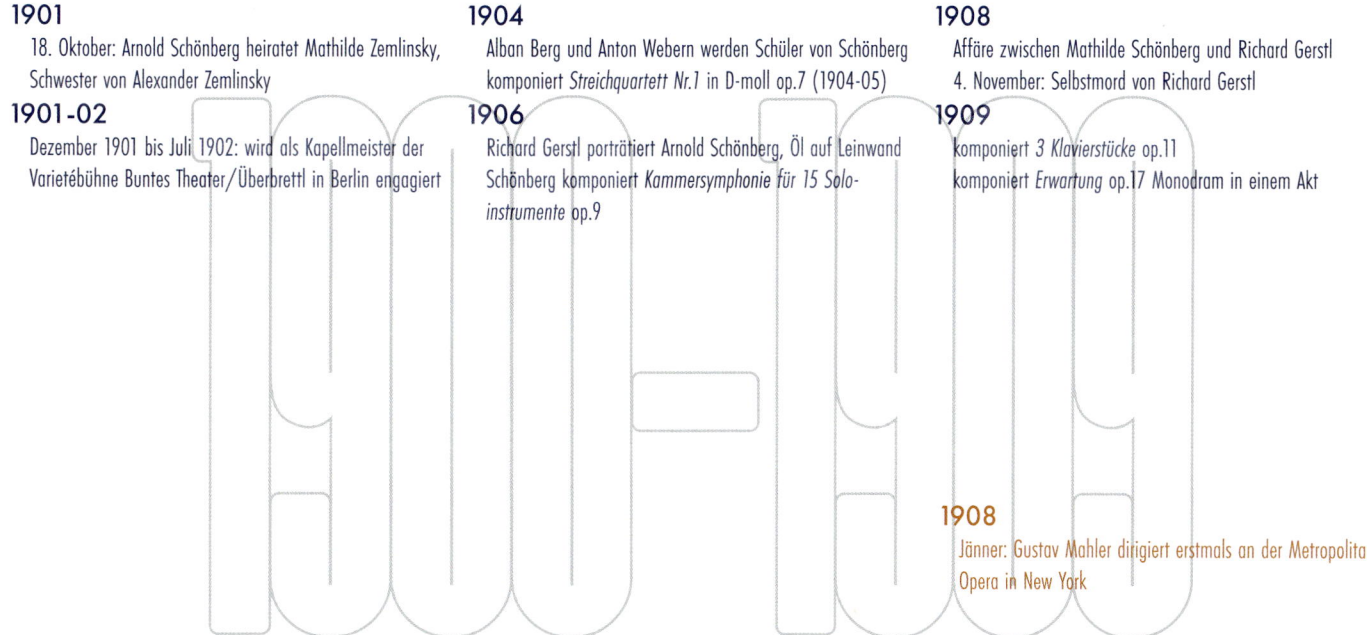

1908
Jänner: Gustav Mahler dirigiert erstmals an der Metropolitan Opera in New York

um 1900
Aufkommen der Elektronik: erstes Experimentieren mit elektronisch erzeugten Klängen; Entwicklung elektronischer Geräte und infolge elektronischer Musikinstrumente wie z.B. das Telharmonium, eine 1896 entwickelte elektrische Orgel

ALEXANDER ZEMLINSKY

1911
Alexander Zemlinsky wird als Musikdirektor an das Neue Deutsche Theater in Prag verpflichtet

1914
Uraufführung von *Der Traumgörge* wegen Kriegsausbruchs abgesagt

1915
komponiert *Eine florentinische Tragödie* op.16 (1915-16)

1917
30. Jänner: Uraufführung von *Eine florentinische Tragödie* in Stuttgart

1919
komponiert *Der Zwerg* op.17 (1919-21)

ARNOLD SCHÖNBERG

1912
Arnold Schönberg komponiert *Pierrot lunaire* op.21

1913
23. Februar: Uraufführung von *Gurrelieder* im Großen Musikvereinssaal, Wien Dirigent: Franz Schreker

1918
Frühjahr: Übersiedlung nach Mödling

1918
18. Juli: Alban Berg beschreibt in einem Brief an Helene Berg Schönbergs Idee zu einem Verein für Privataufführungen, der tatsächlich im November ins Leben gerufen wird:

Arnold Schönberg gründet den Verein für Musikalische Privataufführungen mit Paul Amadeus Pisk und Egon Wellesz

Schönberg unterrichtet mehr als 100 Schüler:innen an der Schule von Eugenie Schwarzwald

POLITIK

1914
28. Juni: Ermordung des österreichisch-ungarischen Thronfolgers Erzherzog Franz Ferdinand in Sarajewo

28. Juli: Kriegserklärung Österreich-Ungarns an Serbien — Beginn des Ersten Weltkriegs (1914-18)

MUSIK

1913
Das Mädchengymnasium von Eugenie Schwarzwald zieht in das Gebäude Herrengasse (Wallnerstraße 9), Dozenten waren unter anderen Schönberg (1918), Egon Wellesz (Musik), Oskar Kokoschka (Malerei), Adolf Loos (Architektur)

1913
31. März: Skandal und Randale im Musikverein in Wien beim Konzert mit Werken von Webern, Zemlinsky, Schönberg und Berg (Dirigent: Arnold Schönberg)

19. Oktober: Eröffnung des Wiener Konzerthauses

1918
12. November: Franz Schreker vollendet seine Oper *Der Schatzgräber* und plädiert auf der letzten Seite für den Anschluss Österreichs an das Deutsche Reich

TECHNIK

1870er / 1880er Jahre
Wendepunkt der gesamten Musikindustrie: Erfindung des Phonographen (später als Grammophon bekannt) durch Thomas Alva Edison und Emile Berliner

1921
Zemlinsky dirigiert *Gurrelieder* von Arnold Schönberg in Prag und beschwert sich, dass der Komponist nicht anwesend ist

1922
komponiert *Lyrische Symphonie* op.18 (1922-23)

28. Mai: Uraufführung von *Der Zwerg* in Köln

1924
4. Juni: Uraufführung von *Die Lyrische Symphonie* in Prag

1926
Dezember: Zemlinsky tritt von seiner Stelle beim Neuen Deutschen Theater zurück

1927
geht an die Berliner Krolloper

1929
Zemlinskys Frau Ida stirbt an Leukämie

komponiert *Symphonische Gesänge* op.20 für Bariton oder Alt und Orchester

---

1920
12. Juni: Aufführung der *Gurrelieder* an der Staatsoper in Wien unter der Leitung des Komponisten

Teilt Josef Rufer mit, er habe „eine Erfindung gemacht, die die Vorherrschaft der deutschen Musik für die nächsten 100 Jahre sicherstellt": der Anfang des Zwölfton-Systems

1921
Sommer: Vertreibung aus Mattsee

24.-29. Juli: Komponiert *Suite für Klavier* op.25 in Traunkirchen (erstes Zwölfton-Werk)

1923
18. Oktober: Tod von Mathilde Schönberg

1924
6. Juni: Uraufführung von *Erwartung* am Neuen Deutschen Theater in Prag

28. August: Heiratet Gertrud Kolisch, Schwester von Rudolf Kolisch

14. Oktober: Uraufführung von *Die glückliche Hand* an der Volksoper in Wien unter Fritz Stiedry

1925
1. August: Arnold Schönberg erhält die Meisterklasse für Komposition des verstorbenen Ferruccio Busoni an der Akademie der Künste in Berlin

1926
komponiert *Der Biblische Weg*, zionistisches Sprechdrama

RICHARD HOFFMANN

1925
Richard Hoffmann wird als Sohn eines Bankangestellten in Wien geboren

---

1920
22. August: Gründung der Salzburger Festspiele

1922
11. August: Gründung der Internationalen Gesellschaft für Neue Musik (IGNM) auf Anregung von Rudolf Réti im Café Bazar in Salzburg

1927
31. Dezember: Erstaufführung von *Jonny spielt auf!* von Ernst Krenek an der Staatsoper in Wien (nationalsozialistische Aktionen gegen die Oper)

1928
Franz Schreker schreibt seine 1924 angefangene, Schönberg gewidmete Oper *Christophorus*, ‚die Vision einer Oper' zu Ende — jedoch von seinem Verlag Universal Edition abgelehnt

---

1920
Entwicklung des Theremin, eines berührungslos gespielten elektronischen Musikinstruments (Tonhöhe und Lautstärke werden durch Position der Hände in Bezug zu zwei Elektroden gesteuert)

1923
Maurice Martenot erfindet das monophone elektronische Musikinstrument Ondes Martenot

1925
Plattenspieler (Phonographen) zum Abspielen elektrischer Schallplatten werden zu einem beliebten Haushaltsgegenstand

ALEXANDER ZEMLINSKY

1930
heiratet die Sängerin und Malerin Louise Sachsel in Prag
komponiert *Der Kreidekreis* op.21 (1930-31)

1933
14. Oktober: Uraufführung von *Der Kreidekreis* in Zürich
verlässt Berlin und übersiedelt nach Wien
wird Musikdirektor des Wiener Konzertorchesters

1934
Alexander und Louise Zemlinsky ziehen in das Haus in der Kaasgrabengasse 24 im 19. Wiener Gemeindebezirk

1935
komponiert *Der König Kandaules* op.26 (1935-36)

1938
14.-23. Dezember: Überfahrt der Zemlinskys auf dem Dampfer SS Statendam von Boulogne-Sur-Mer nach New York

1939
Gesundheitszustand verschlechtert sich – Zemlinsky kann weder unterrichten, noch dirigieren – finanzielle Sorgen
erleidet einen Nervenzusammenbruch und Schlaganfall
beginnt die Oper *Circe* zu komponieren, die er nie vollenden kann; komponiert *3 Lieder* (1939-40), *Humoreske* (Rondo), *Jagdstück* und *Romance* (unvollendet)

ARNOLD SCHÖNBERG

1933
7. April: Entlassung von Arnold Schönberg aufgrund der nationalsozialistischen Machthaber
17. Mai: bereitet Ausreise aus Deutschland vor
24. Juli: Schönberg tritt in Paris wieder in die jüdische Religionsgemeinschaft ein
25.-31. Oktober: Überfahrt der Schönbergs mit dem Schiff SS Ile de France von Le Havre nach New York

1934
September: Arnold Schönberg übersiedelt aus gesundheitlichen Gründen nach Kalifornien

1936
2. Jänner: wird zum Professor an der University of Southern California ernannt
Mai: zieht in das neue Haus in Brentwood im Westen von Los Angeles, Kalifornien

1938
Rabbi Jacob Sonderling beauftragt Arnold Schönberg mit einer neuen *Kol Nidre*-Fassung.
Uraufführung am 4. Oktober im Fairfax Temple Los Angeles.
Schönberg komponiert *Kol Nidre* op.39 für Sprecher, gemischten Chor und Orchester

RICHARD HOFFMANN

1930
Richard Hoffmann ist ein begabter Geigenschüler während seiner Kindheit in Wien
Musiktheorie-Unterricht bei Georg Tintner, einem Komponisten und später international sehr erfolgreichen Dirigenten

1934-35
Als Geburtstagsgeschenk von seinem Vater erhält Richard Hoffmann in Wien Kompositionsunterricht bei Georg Tintner, der nach der Annexion Österreichs mit Hilfe der Familie Hoffmann ebenfalls nach Neuseeland emigrieren wird

1935
flieht mit seiner Familie vor den Nazis nach Neuseeland, wo sein Vater Österreichischer Honorarkonsul wird

POLITIK

1933
30. Jänner: Hitler wird als deutscher Reichskanzler vereidigt

1938
12.-13. März: Einmarsch deutscher Truppen in Österreich, "Anschluss" Österreichs

1939
1. September: Angriff Deutschlands auf Polen – Beginn des Zweiten Weltkriegs (1939-45)

MUSIK

1930
30. März: Erstaufführung von *Wozzeck* von Alban Berg an der Staatsoper in Wien

1933
19. März: Anton Webern dirigiert ein Arbeiterkonzert in Wien mit Anti-Nazi Werken von Hanns Eisler

1935
24. Dezember: Alban Berg stirbt in Wien

1938
24. Mai: Eröffnung der Ausstellung „Entartete Musik" in Düsseldorf

1939
John Cage komponiert in den USA *Imaginary Landscape, No.1*, ein Werk, bei dem verschiedene Medien und Klangquellen wie zwei Plattenspieler mit variabler Geschwindigkeit, Frequenzaufnahmen, ein gedämpftes Klavier und ein Becken verwendet werden

TECHNIK

1933
Laurens Hammond entwickelt – angeregt durch den Boom von Theater- und Kinoorgeln – die elektromechanische Hammondorgel

1935
Erfindung des Tonbands

1940
Alexander Zemlinsky erleidet einen 2. Schlaganfall

1942
11. März: Übersiedlung in das Haus in Larchmont, NY
15. März: Alexander Zemlinsky stirbt

1941
Arnold Schönberg erhält die amerikanische Staatsbürgerschaft komponiert Variationen über ein Rezitativ für Orgel op.40

1942
komponiert *Ode an Napoleon Buonaparte* op.41 für Streichquartett, Klavier und Sprecher

1945
18. November: Uraufführung von *The Genesis Suite* in Los Angeles — einer Zusammenarbeit von mehreren Exilkomponisten wie z.B. Arnold Schönberg, Alexandre Tansman, Ernst Toch, Igor Strawinsky, Mario Castelnuovo-Tedesco, Darius Milhaud und dem amerikanischen Komponisten Nathaniel Shilkret, der die Suite angeregt hatte

1947
komponiert *Ein Überlebender aus Warschau* op. 46 für Sprecher, Männerchor und Orchester

1945
Richard Hoffmann schließt den ersten Studienabschnitt ab an der University of New Zealand

1947
übersiedelt nach Los Angeles, Kalifornien und studiert Komposition bei Arnold Schönberg

1948–51
ist Assistent von Arnold Schönberg, während er sein Postgraduate Studium der Musikwissenschaften an der University of California, Los Angeles (UCLA) absolviert

1945
15. September: Tod von Anton Webern

1948
Die französischen Komponisten Pierre Schaeffer und Pierre Henry erfinden die Musique concrète, die sich mit Tonbandcollagen und Montagen aus aufgenommenen Klängen beschäftigt

1942
Erste Testaufnahmen mit Stereo-Tonbandgeräten in Deutschland

1948
Kommerzielle Verbreitung von Tonbandgeräten in den USA

ARNOLD SCHÖNBERG

1950
Schönberg veröffentlicht die Essay-Sammlung *Style and Idea*

1951
13. Juli: Arnold Schönberg stirbt in Los Angeles

RICHARD HOFFMANN 1950–1959

1951
Richard Hoffmann unterrichtet Musiktheorie an der University of California, Los Angeles (UCLA)

1954
wird Dozent für Komposition und Musiktheorie am Oberlin Conservatory, Ohio

1956
erhält eine Anerkennung beim Festival für Neue Musik in Darmstadt für seine Komposition *Duo für Viola und Cello*

1957
Richard Hoffmann erhält eine Anerkennung beim Festival für Neue Musik in Darmstadt für sein Klavierkonzert

MUSIK

1950er-Jahre
Weitere Komponisten wie Karlheinz Stockhausen, Luigi Nono, Pierre Boulez, Mauricio Kagel, Iannis Xenakis oder John Cage nutzen Tonbandgeräte für musikalische Experimente

Der Terminus Elektroakustische Musik wird für elektronische Klangproduktion und deren Wiedergabe über Lautsprecher etabliert

TECHNIK

1950er Jahre
Japanische Hersteller wie AceTone, Korg, Matsushita, Roland und Yamaha entwickeln ihre eigenen Versionen von elektronischen Musikgeräten (Synthesizer und Drum Machines) und beeinflussen dadurch die internationale Musikindustrie

1951
Das Studio für Elektronische Musik des Westdeutschen Rundfunks in Köln wird durch den Komponisten Herbert Eimert gegründet; 1963 übernimmt Karlheinz Stockhausen die Leitung des Studios

1952-53
In den USA wrd das Music for Magnetic Tape Project von John Cage, Earle Brown, Christian Wolff, David Tudor und Morton Feldman gegründet

1959
Gründung des Columbia-Princeton Electronic Music Center (heute bekannt als Computer Music Center bzw. CMC) durch Milton Babbitt, Otto Luening und Vladimir Ussachevsky als erstes Institut für die Erforschung von elektronischer Musik und Computermusik in den USA

1945
Richard Hoffmann erhält eine Anerkennung beim Festival für Neue Musik in Darmstadt für seine Komposition *Variationen für Klavier Nr.2*

erhält einen Kompositionsauftrag der Fromm Music Foundation, Harvard University, Cambridge, Massachusetts. Er komponiert *Orchestra Piece* (1960-61)

Hoffmann wird Mitglied der amerikanischen Ehrengesellschaft für Studenten, Doktoranden und Musikprofessoren in Pi Kappa Lambda, Saint Simons Island, Georgia

1960-61
Richard Hoffmann beantragt Forschungsurlaub, um in Wien elektronische Musik zu studieren

1962-63
arbeitet an der ersten Gesamtausgabe Arnold Schönberg mit

1964
Hoffmann baut sein Haus in der Nähe des Oberlin College, Ohio, das fast zur Gänze aus Aluminium besteht. Der Entwurf entspricht europäischen Architekturtrends aus 1920-30.

1965-66
Hoffmann erhält Gastprofessur an der University of California, Berkeley (1965-66)

1966
erhält Anerkennung durch das National Institute of Arts and Letters (später American Academy of Arts and Letters)

1968
Hoffmann erhält Gastprofessur an der Victoria University, Wellington, Neuseeland

1960er Jahre
Max Brand lernt im New Yorker Exil den Synthesizer-Pionier Robert Moog kennen und errichtet in seiner Wohnung ein Tonstudio. Zusammen mit Moog und Fred Cochran baut er das Moogtonium, das spezielle Frequenzen, die von ihm sogenannten „Untertöne", hörbar macht

RICHARD HOFFMANN 1970–1979

1970
Richard Hoffmann erhält Gastprofessur an der Harvard University, Cambridge, Massachusetts

erhält Guggenheim Stipendium, das dem Komponieren in Berlin gewidmet ist

1972
erhält Guggenheim Stipendium für die Arbeit an der Gesamtausgabe zu Arnold Schönbergs *Von heute auf morgen*

betreibt Forschung am Schönberg Archiv Los Angeles, Kalifornien

MUSIK

1950er-Jahre
Weitere Komponisten wie Karlheinz Stockhausen, Luigi Nono, Pierre Boulez, Mauricio Kagel, Iannis Xenakis oder John Cage nutzen Tonbandgeräte für musikalische Experimente

Der Terminus Elektroakustische Musik wird für elektronische Klangproduktion und deren Wiedergabe über Lautsprecher etabliert

TECHNIK

1950er Jahre
Japanische Hersteller wie AceTone, Korg, Matsushita, Roland und Yamaha entwickeln ihre eigenen Versionen von elektronischen Musikgeräten (Synthesizer und Drum Machines) und beeinflussen dadurch die internationale Musikindustrie

1976
Hoffmann erhält Gastprofessur an der University of Iowa

1977
Richard Hoffmann trägt auf dem Dritten Internationalen Schönberg-Kongress in Wien vor

1977-78
erhält weiteres Guggenheim Stipendium und Förderung des National Endowment for the Arts, Washington D.C., zur Unterstützung der Arbeiten in Wien und Cambridge, Massachusetts

1978
komponiert *Streichquartett Nr.4* mit computergenerierten Teilen, die am Massachusetts Institute of Technology aufgenommen werden. Es ist dem 1978 verstorbenen österreichischen Geiger Rudolf Kolisch gewidmet, einem Pionier in der Aufführung von Streichquartetten von Schönberg und seinen Zeitgenossen.

1980–2021

1980-84
Richard Hoffmann komponiert und studiert im Rahmen eines Sabbaticals in Wien und unterrichtet mit einem Fulbright-Stipendium am Musikwissenschaftlichen Institut der Universität Wien zum Thema der ernsten amerikanischen Musik des 20. Jahrhunderts, eine Gattung, die er als nahezu ausgestorben ansieht

1984
Streichquartett Nr.4 wird auf der Internationalen Computermusikkonferenz im Pariser Centre Pompidou aufgeführt
erhält Gastprofessor an der Universität Wien

2004
Hoffmann geht in Ruhestand von seiner Tätigkeit am Oberlin College, Ohio

2021
24. Juni: Richard Hoffmann stirbt im Alter von 96 Jahren in Oberlin, Ohio
November: Eintreffen des Nachlasses von Richard Hoffmann im Exilarte Zentrum der mdw

1974
Der Begriff Akusmatik wird als weitere Kategorie im Bereich der elektroakustischen Musik eingeführt

1977
Das von Pierre Boulez gegründete Institut de recherche et coordination acoustique/musique (IRCAM) am Centre Pompidou in Paris wird eröffnet

1983
Yamaha bringt den ersten volldigitalen Synthesizer auf den Markt

Löschpapier von Arnold Schönberg aus
dem Nachlass von Richard Hoffmann
Archiv des Exilarte Zentrum der mdw, Wien (A-Weaz)

BILDNACHWEISE

ARCHIVE

Archiv des Exilarte Zentrum der mdw –
Universität für Musik und darstellende Kunst
Wien (A-Weaz)

Arnold Schönberg Center Privatstiftung, Wien
(ASC)

Alexander Zemlinsky-Fonds bei der
Gesellschaft der Musikfreunde Wien,
Nachlass Louise Zemlinsky (A-Wgm)

Library of Congress, Washington D. C.
(US-Wc)

Oberlin College and Conservatory

MUSEEN

Museum moderner Kunst Stiftung Ludwig
Wien, Bildarchiv (MUMOK)

Wien Museum, Grafik- und Fotosammlung
(WM)

FOTOS

Maria Noisternig – S. 20
Tim Richter – S. 91
Iby-Jolande Varga – S. 53

WorldPhotos / Alamy Stock Photo – S. 50, 52

Wikipedia / Mirkomlux, Concord
CC BY-SA 4.0 – S. 106